Los sueños se logran, poco a poco y sin prisa, si vamos caminando en pos de ellos sin mirar atrás y creyendo que ya los tenemos en nuestras manos. Entonces,

¡Hemos Triunfado!

Haydee

Comentarios Acerca Del Autor

Haydee, mi amiguita, mi hermana del alma. Desde la adolescencia compartíamos las alegrías y los éxitos, y tú siempre tan circunspecta, noble y espiritual. Tuvimos una conexión que, aunque han pasado muchísimos años, se ha mantenido y se mantendrá de por vida. Siempre fuiste una chica luchadora, emprendedora espiritual, enriqueciendo su fe en nuestro Señor, tomando decisiones muy difíciles en su vida que te han hecho crecer en lo espiritual y en lo físico. Eres una gran persona, le doy gracias a Dios por mantener esta amistad, especialmente en estos momentos que necesitaba fortalecer mi fe para así fortalecer mi salud. En esta oportunidad, sin tú saberlo, amiguita, mandaste a mi vida ese video Ezequiel 37. Eres grande, mi Haydee. En este tu segundo libro, mi amiguita, manifiestas tu amplia capacidad literaria y espiritual que nos va a enriquecer nuestra propia espiritualidad y Fe.

¡Bravo, bravo, bravo, amiguita, hermana de mi corazón! ¡Éxitos, éxitos, éxitos!

Muchas bendiciones en el alumbramiento de este, tu segundo libro.

- Dra. Judith Rodríguez

Haydee es mi gran amiga - hermana. Una amiga en toda la extensión de la palabra; ella es un gran ser humano. Resumir en unas líneas lo que significa una persona incondicional, una amiga con letras mayúsculas, apoyo y consejera… las líneas no alcanzarán para expresar lo que ella significa, es muy leal. Así es Haydee.

En la trayectoria de mi vida, he conocido muy pocas mujeres como ella, en realidad me ha demostrado con hechos el gran corazón que tiene y la bondad que alberga en él. Un día, Dios nos unió con propósitos y a través de todos estos años de amistad incondicional, hemos compartido muchos momentos buenos, felices, tristes y siempre hemos estado conectadas para orar y apoyarnos.

Haydee, en este, tu segundo libro, te deseo el mayor de los éxitos. ¡Arriba, amiga!

Te deseo buena suerte y grandes bendiciones. ¡Dios contigo!

- Lilian Briceños

Conozco a Haydee desde el año 2008, no hizo falta que pasara mucho tiempo antes de saber que era una persona con una bella vida interior. A través de estos años, la he visto, no sin asombro, atravesar con entereza y llena de fe pruebas muy duras. La he visto darse a otros, sentir en su corazón el dolor que aflige a los demás como propio y la he visto no detenerse y vencer su propio dolor. La resiliencia que siempre muestra es algo que ha cultivado con los años, así como su generosidad y su constante propensión para ayudar a los demás. Su proactividad, su constancia y congruencia están siempre en sintonía con ese buen hacer que la caracteriza. Conozco muy pocas personas que viven de acuerdo a aquello en lo que creen y que lo hacen con una convicción tal que parezca que son una fuerza viva del universo, así es Haydee. Es difícil resumir en tan pocas palabras lo que veo en ella, esa capacidad que tiene de levantarse una y otra vez, esa visión que tiene de la vida tan poco usual y de su papel en ella. Esa fe con la que se entrega a los brazos de Dios y esa bendita forma que tiene de meterse en el corazón. Cabe destacar que con este escrito, no dejo ver la tremenda mujer, madre y amiga que es, pero sobre todo, temo que usted que me lee, no encuentre en este corto escrito todo lo que en ella encuentro yo.

- María Isabel Vera

Realmente no sé cómo expresarte lo feliz que me haces al tenerte. Tú, más que una amiga, eres una hermana, mi consejera y, sobre todo, un ejemplo a seguir en lo luchadora, guerrera, incansable y retadora. Te admiro, Haydee.

Le pido a Dios que te llene de salud para que puedas alcanzar todas las cosas que deseas y has soñado. Que tus días sean llenos de gozo y bendiciones. Doy gracias al Señor por tener la oportunidad de decirte "TE AMO", mi gran amiga-hermana.

Que este, tu segundo libro, sea una de muchas bendiciones, logros y retos. Te deseo toda la suerte del mundo porque te lo mereces todo, amiga. ¡Felicitaciones! Éxito.

- Belki Nuñez

Para describir a Haydee, mi amiga por más de dieciocho años, necesitaría unas cuantas páginas, pero trataré de resumirlo en estas líneas. Heydi, como la llamo, es una persona sumamente emprendedora. Siempre está buscando formas de mejorar su vida y la de los demás. Tiene un espíritu empresarial innato y no tiene miedo de tomar riesgos. También es muy creativa y está constantemente generando ideas frescas y nuevas formas de abordar los desafíos. Combina su creatividad con una excelente ética de trabajo y dedicación. Además de ser una emprendedora exitosa, es un excelente ser humano. Es amable, compasiva y generosa, siempre dispuesta a ayudar a las personas a su alrededor. Es la mejor estilista del planeta. Su forma de ser la mantiene siempre joven y bella. Su relación con Dios es admirable y me encanta escuchar sus testimonios. Dentro de las tantas cosas que le agradezco a Dios, está el haberla puesto en mi vida y en la de mi familia. Arriba, amiga, ¡éxito.! Felicitaciones por tu segundo libro.

¡Te amo, amiga!

- Janneth Bello, Abogado

En la cima de la montaña

Haydee

Copyright © 2023 Haydee, Todos los derechos reservados.

Ninguna parte de esta publicación podrá ser reproducida, almacenada en un sistema de recuperación o transmitido de ninguna manera ni por cualquier medio, ya sea electrónico, mecánico, mediante fotocopias o grabaciones, sin permiso previo de Hola Publishing Internacional.

Los puntos de vista y opiniones expresados en este libro pertenecen al autor y no reflejan necesariamente las políticas o la posición de Hola Publishing Internacional. Cualquier contenido proporcionado por nuestros autores es de su opinión y no tiene la intención de difamar a ninguna religión, grupo étnico, club, organización, empresa, individuo o persona.

Para solicitudes de permisos se debe escribir a la editorial, dirigido a "Atención: coordinador de permisos", a la siguiente dirección.

Hola Publishing Internacional
Eugenio Sue 79, int. 4, 11550
Ciudad de México

Primera edición, Octubre 2023
ISBN: 978-1-63765-447-7
Número de control de la Biblioteca del Congreso: 2023911700

La información contenida en este libro es estrictamente para propósitos informativos. A menos que se indique otra situación, todos los nombres, personajes, negocios, lugares, eventos e incidentes en este libro son producto de la imaginación del autor o usados de manera ficticia. Cualquier parecido con personas reales, vivas o muertas, o eventos actuales, es pura coincidencia.

Hola Publishing Internacional es una empresa de autopublicación que publica ficción y no ficción para adultos, literatura infantil, autoayuda, espiritual y libros religiosos. Continuamente nos esmeramos para ayudar a que los autores alcancen sus metas de publicación y proveer muchos servicios distintos que los ayuden a lograrlo. No publicamos libros que sean considerados política, religiosa o socialmente irrespetuosos, o libros que sean sexualmente provocativos, incluyendo erótica. Hola se reserva el derecho de rechazar la publicación de cualquier manuscrito si se considera que no se alinea con nuestros principios. ¿Tiene una idea para un libro que quisiera que consideremos para publicación? Por favor visite www.holapublishing.com para más información.

Dedicado a:

___

Por:

___

Fecha:

___

Dedicatoria

Dedico este libro con todo mi corazón al único que se merece toda la gloria, la honra y adoración, a Dios. Es un honor para mí expresarle mi más profundo gozo, es la razón de mi existencia y mi inspiración sobrenatural a través del Espíritu Santo y me ha dado la fuerza para poder volar y renovarme cada día, seguir adelante y pasar cualquier obstáculo que se me presente en el camino, por más grande que sea.

A ustedes, que hoy lo están leyendo y aplicando a su vida.

A la gente hermosa que me ama.

A mí misma, que he sido una guerrera y que siempre estoy peleando por lo que quiero hasta lograr mi objetivo, la victoria, mis sueños y nada ni nadie me detiene.

Índice

Introducción	25
Prólogo	27
Los retos son importantes para poder llegar a la cima de la montaña. Sí se puede. Atrévase	31
La Montaña nos transmite tranquilidad, firmeza y valentía	38
¡Hola! ¿Estamos listos para dar gracias a Dios por el día a día?	41
El Padre Nuestro	49
Confíe en Dios en los momentos difíciles	51
Alabanzas por la bondad de Dios Salmos	61
Bajo la sombra de tus alas ¡Estamos guardados!	63
En el amor no hay temor. Solo confíe en Dios	69
Reconocer la mano de Dios en nuestras bendiciones diarias todo el tiempo	71
Morando bajo la sombra del Omnipotente	76

El camino que nos lleva a la bendición del Cielo,
abramos nuestros brazos para recibirla — *79*

¡Un minuto de intimidad a solas con Él! — *83*

Caminar bajo la sombrilla del
Omnipotente todo el tiempo — *85*

¡El Señor cuida de nosotros todo el tiempo! — *91*

Caminar con Dios e invertir nuestro
tiempo con un corazón para Él — *93*

Excelencias de la ley de Dios, lo
importante que es para Él el corazón — *100*

Cómo debemos caminar hacia la meta
y la victoria con Fe y creer que todo se puede — *103*

Dejemos que la bendición del Señor toque las puertas
de nuestro corazón y Su mano limpie nuestra Alma — *109*

En nuestros momentos de debilidad, ¡entonces
es cuando el poder de Dios se perfecciona! — *111*

Nunca deje de orar y meditar a solas con Dios — *116*

¿Cuáles son los gigantes (los Goliats) en nuestras vidas? — *119*

Dios, el único refugio. Salmo de David — *125*

Cómo nos cuesta aprender y ser guiados
por Dios si Él se tarda demasiado — *127*

Todo tiene su tiempo debajo del Cielo y su hora. — *135*

Debemos tener un encuentro con Dios y nosotros mismos — *137*

Cuando tengamos el encuentro con el Señor
vamos a sentir Su presencia y nos levantará — *143*

*Dios nos encuentra en la soledad
del desierto como un Padre* … 145

    ¡No Temas! ¡El Señor abre camino donde lo hay! … 153

*Caminar con sus sueños y metas hacia
el destino que quiere lleno de éxitos* … 155

    Sueñe todo el tiempo. ¡Es gratis! … 163

*Trabajemos para alcanzar
la perfección, como quiere el Señor* … 165

    Las bienaventuranzas … 172

*¿Es bíblico declarar y decretar?
Declarar y decretar palabras bíblicas* … 175

    ¡Sí podemos y creerlo! Atrévase … 181

*Mira cuál amor nos ha dado el Padre,
para que seamos llamados hijos de Dios* … 183

    ¡Reflexione, ore, crea y siga su camino! … 188

*No seamos como las olas del mar, agitadas
y llevadas de un lado a otro por el viento* … 191

    Saber que Dios nos ama, disipa toda duda … 196

*No rendirse nunca y seguir confiando
en que Dios hará siempre lo mejor* … 199

    *Debemos ser perseverantes y nunca
rendirnos. Esta es la llave al éxito* … 205

*Nunca se dé por vencido, camine con
Fe tomado de la mano del Señor* … 207

Nunca se des por vencido. ¡No se rinda! Persevere hasta el final — 213

Por cuál camino vamos realmente y hacia qué dirección nos dirigimos — 215

Desarrolle su visión, proyectos, metas y propósitos. No hay límite — 220

¿Permanecer en el camino de Dios y no tomar el equivocado? Él siempre tiene el mejor — 223

¿Quién dijo que el camino sería fácil? — 231

¿Qué es la levadura en la Biblia? ¿Qué significa para nuestra vida espiritual? — 233

Parábola de la levadura. ¡Cuidar nuestro corazón es muy importante! — 239

¿Qué dice el Señor acerca de la perseverancia y no desmayar? — 241

Perseverar hasta el final y no desmayar. Sí se puede. ¡Éxito! — 246

Qué hacer cuando está perdido o desorientado, sin saber a dónde ir — 249

¡Vuele, Vuele! Muy alto, hasta tocar el Cielo con sus manos — 255

¿Qué hacer cuando vemos que los problemas son grandes y no sabemos por dónde empezar? — 257

Dios siembra una palabra en el corazón de sus hijos — 262

¿Qué hacer cuando vienen las tribulaciones? ¿Dónde debo apoyarme? — 265

¡Aprender en medio de las pruebas y tribulaciones! Orar y no desmayar — 272

*Qué podemos aprender de David y
por qué Dios puso Sus ojos en él*   275

   ¡Conozca la intimidad de Dios y atesórelo en todo su ser!   281

*Cómo lograr sus metas en su vida usando
el diseño de Dios (Mente renovada)*   283

   Sueñe en grande y defina sus metas, tendremos éxitos grandiosos   289

*Romper el ciclo del pasado.
¿No todos los caminos son buenos?*   291

   Cerremos ciclos con la confianza en Dios y en ti. Recibe lo nuevo   297

*Todo sucede por una razón para los
hijos que aman a Dios, para bien*   299

   Todo el tiempo debemos sembrar lo mejor y con el corazón agradecido   305

*Virtud de la paciencia de Job.
¡Aplicarla a nosotros, muy importante!*   307

   *La paciencia es una virtud de amor, fe, humildad y espera en
Dios, que nos hace crecer y madurar como seres humanos*   312

*¡En momentos difíciles! El Señor se
glorifica en medio de las Tribulaciones*   315

   *Un regalo del Señor y la vida solo para usted es
amarlo a Él y a usted mismo. Atesórelo en su corazón*   323

*¿Cuánto amamos la naturaleza y por qué
es importante para Dios y nosotros?*   325

   *El amor de Dios lo podemos ver en la naturaleza,
la lluvia, el sol, el aire, los pájaros y en toda Su creación*   332

*Cuando salimos del vientre de nuestra
madre, ya venimos con propósitos*   *335*

    ¡Debemos descansar! Dios tiene planes sagrados para usted y para mí   *340*

*Caminar en rectitud y tener
un corazón transparente para Dios*   *343*

    La persona recta es como Dios. ¡Importante! Esta es una gran enseñanza *348*

*Cuando se sienta perdido, ansioso.
Dios lo alumbra el camino y lo sostiene*   *351*

    El único camino de vuelta a Él es buscarlo.
    Usted debe elegir si quiere tomarlo   *356*

Hoy es un buen día para hacer un alto en nuestro camino   *359*

    Las alturas fueron hechas para usted. Él nos
    escucha desde cualquier lugar que estemos   *363*

*Cómo hacer para poder vivir un tiempo tranquilo,
con alegría, gozo, sueños y mucho más*   *365*

    ¡Recuerde! El Mundo no es suyo, aquí solo estamos
    de paso y Dios tiene el control total y absoluto   *371*

*¿No tiene la dirección de su vida? Siga
caminando hacia sus propósitos y sueños*   *373*

    Pase la barrera de los obstáculos avance hasta lograr su propósito   *379*

*Dios es eterno, la naturaleza es hermosa
y divina, aquí en la tierra todo es temporal*   *381*

    ¡Atesoremos en el corazón todas las maravillas
    que el Señor nos ha regalado!   *387*

Cómo agradar a Dios y no a los hombres.
Qué nos enseña acerca del corazón *389*

   El corazón que agrada a Dios es
   transparente, ya que es conforme al de Él *395*

Tener un pensamiento perseverante y positivo.
¿Por qué es importante? *397*

   Perseverar hasta el fin sin desmayar. Sí se puede.
   Que nadie apague sus sueños *403*

Pídeme, y te daré por herencia las naciones
(Reina-Valera, 1960, Salmo 2:8) *405*

   Debemos confiar en Dios todo el tiempo y creer en su corazón que
   tiene su bendición en sus manos. Atesorarla es nuestra mayor riqueza ... *411*

Nuestra relación a solas con Dios.
¡Solo tres personas! Dios, el Espíritu Santo y usted *413*

   ¡Todo mi ser te alaba a ti, Dios! Gracias por tus
   maravillas y amor incondicional *419*

Cuando nos trazamos una meta o sueños
y caminamos hacia esa dirección, ¡vea lo que pasa! *421*

   La vida lo puede sorprender en cualquier momento con
   algo mucho mejor. No se dé por vencido, siga hacia su destino ... *426*

La luz verdadera de mi vida, Dios es luz
y siempre brilla para nosotros *429*

   Seamos Luz. Un mundo en tinieblas necesita
   la Luz del Creador, siempre *433*

*Todo empieza con una disciplina. ¿Por qué es
tan importante el orden y la planificación?* — *435*

    *Disciplina, planificación, organización. Llevar su agenda
para poder lograr su objetivo del día a día. ¡Muy importante!* — *441*

*El amanecer es demasiado hermoso, el amor es de diferentes
colores como el Arcoíris. ¡Es una belleza indescriptible!* — *443*

    *¡Es una belleza increíble! Usted es muy especial. Viva ese
esplendor y maravilla que Dios le regaló* — *448*

*Nunca debemos sentir temor de ponernos de pie
y hacer lo que es correcto delante del Señor* — *451*

Todo tiene su tiempo — *457*

    *Dios siempre mantiene Su palabra y promesas. Él es
leal hasta el fin de los tiempos. No lo olvides* — *461*

*Aliento de Dios, Fe, esperanza, confianza en
nosotros mismos, seguir hacia la victoria* — *463*

    *Dios me enseñó a amar con el corazón. Una de las más grandes
virtudes que hay en la vida es: No rendirnos. ¡Sí se puede!* — *469*

*¿Cómo hacer si estamos confundidos? Solo
nos queda seguir caminando hacia la meta y victoria* — *471*

    *Tenemos toda la facultad y la gran bendición de
perseguir nuestros sueños y aún más* — *478*

*El amor a través de los ojos del Señor.
¿Qué significa para Él?* — *481*

Dios es amor — *487*

> *El amor es el sentimiento del ser humano que necesita ser
> extendido no solo hacia uno mismo, sino a otras personas* — *490*

Belleza de la naturaleza, el día y la noche, los Cielos cuentan la gloria de Dios — *493*

> *¡Belleza de la naturaleza! Del Señor es la tierra
> y todo lo que hay en ella* — *498*

El gran amor de Dios nunca se acaba. Dios ama a cada uno de Sus hijos individualmente — *501*

> *Dios es amor, ayer, hoy y por la eternidad. Nunca lo olvide* — *507*

Conclusión — *509*

Bibliografía — *511*

Agradecimiento — *517*

Introducción

Gracias, Dios, por haberme permitido escribir este, mi segundo libro, y que, a través de todos mis años de vida, hayas sido mi inspiración central. Este libro es una visión muy especial, Él es un pedacito de Cielo, porque nos da las herramientas para poder salir adelante, quitar los obstáculos de nuestro camino, no desmayar, no ver las circunstancias al frente del camino y, así, poder compartir un poco de cómo encontrar las armas y darle un sentido a la vida de libertad, progreso y retos.

Dios ha colocado este sentir en mi corazón, la idea de compartirlo con ustedes y espero sea de mucha ayuda y bendición. Creo con todo mi corazón, que si Dios está permitiendo que este libro llegue a sus manos, es con el propósito de que le llegue lluvia de bendiciones; abra sus brazos y recíbala. Espero le anime y ayude a poder hacer sus sueños realidad y tener una disciplina para lograr las metas y sueños al final del camino y una espera en Él. Si se puede, solo debemos confiar en Dios y en nosotros.

Mediante la lectura de este libro, usted podrá descubrir que sí podemos caminar en pos de nuestros sueños, metas, propósitos y, así, poder alcanzar la corona de victoria. Desde la antigüedad, el símbolo de corona ha significado mando, autoridad, firmeza y más. Así es que, cuando emprendemos un vuelo para lograr nuestros propósitos y creemos que lo tenemos en nuestras manos, entonces hemos ganado la batalla coronados. De esto se trata este libro, de RETOS.

"Y miré, y he aquí un caballo blanco; y el que lo montaba tenía un arco; y le fue dada una corona, y salió venciendo, y para vencer."

(Reina-Valera, 1960, Apocalipsis 6:2)

¡Atesoremos el regalo de nuestro Padre Celestial! Sí se puede, NO hay límites para derribar montañas. ¡Seguimos siendo triunfadores! Adelante. Esto es usted, no se rinda.

Prólogo

En el momento en que empecé a leer este libro, ya que conozco muy de cerca a la autora, me hacía la pregunta, ¿cómo es que ella usa tanto su imaginación para crear cada historia y hacerla real, tal como ella la vive? Teniendo esto en mente, usé mi imaginación en cada párrafo que pasaba, era como si me estuviera metiendo en ese mundo maravilloso del cual Dios nos hace penetrar en un nuevo renacer de libertad y poder obtener lo que anhelamos, que sí se puede llegar lejos y ser dueños de nuestros sueños, metas, propósitos y aún más allá.

En este libro encontrarás variaciones imaginables en todas las áreas o temas que se encuentran en la Biblia y aplicados a nosotros en el diario vivir para hacerlos realidad, lo que nos transformará completamente y así podremos vivir cada día a plenitud y lograr los sueños. Así que, como lo dice la autora, todo se puede, solo debemos creer, tener fe en Dios y, muy importante, como ella afirma, en nosotros también. Aplaudo su manera de expresarlo y su firmeza.

Ella explica que todos estamos bendecidos por Dios, porque Él es quién pone todo en nuestras manos para que podamos ser triunfadores y victoriosos. Esa es la razón por la que el Señor la inspiró a ella a escribir este libro con todo su corazón para ustedes. Es un libro escrito por una persona que, a pesar de tanto recorrer por el camino, ha sabido aprovechar cada momento de su vida y nos da este regalo con su corazón para que podamos atesorarlo y valorarlo. En cada capítulo expresa las verdades de la Palabra de Dios y las aplica al diario vivir. ¡Qué interesante!

De corazón, este libro me ha enseñado cosas nuevas para mi vida también, como esperar, confianza en Él y creer que sí se puede triunfar en todo lo que emprendas en tu vida. Camina siempre en pos de tus sueños con fe, siendo positivo, creyendo, confiando y, sobre todo, atesorando en el corazón. Aquí le dejo este hermoso regalo de Haydee, la autora, para que puedan emprender nuevos vuelos de retos, sueños y metas. Atrévete y lo alcanzarás. Abre tus brazos, vuela alto y que nada ni nadie te pare. Es un regalo del Cielo poder escalar montañas y llegar a la cima por más altas que sea, darnos un espacio para una vida mejor. No hay límites.

Anónimo.

*"Encomienda a Jehová tu camino,
y confía en él; y él hará."*

(Reina-Valera, 1960, Salmos 37:5).

Los retos son importantes para poder llegar a la cima de la montaña. Sí se puede. Atrévase

¿Qué podemos hacer para escalar y llegar a la cima de la montaña? Es muy sencillo, solo atrevernos y saber que todo lo podemos lograr y creerlo. Los sueños se cumplen cuando rompemos las barreras y decimos "sí se puede, no hay límites". Entonces, no paremos de avanzar hacia la meta. No olvides que los retos son importantes para poder llagar a nuestros sueños.

Es demasiado hermoso soñar sobre lo que anhelamos, y queremos ver realizados nuestros propósitos. Recuerda que siempre vamos a encontrarnos con obstáculos, pero nada de eso es mayor que Dios y tú. En todo el tiempo, debemos tener una actitud de triunfador, con pensamientos positivos; visualizar un futuro excelente para poder avanzar. A mí me pasa que es tanto lo que he querido y anhelado en mis sueños que solo lo pienso y los veo realizado en mi mundo interior.

Es cierto que el futuro es incierto y que debemos vivir el hoy, pero lo planificamos, creemos y el Señor lo fija. Recordemos que en todo esto vamos a encontrar temporadas altas y bajas; estamos felices y, de repente, estamos tristes. Nada de eso nos debe detener para dar el salto a la victoria. A través de cada estación, el amor de Dios nos sostendrá, en el valle, las llanuras o en la cima de la montaña, cualquiera que sea. Recordemos que el amor de Dios es el que nos sostiene de la mano.

Las montañas tienen un significado literal y a la vez simbólico en las Escrituras. ¿Cuál es la enseñanza del sacrificio de Isaac? Llevó la madera para el sacrificio al Monte Sion. De la misma forma, esa es la razón por la cual Dios nos prueba a todos nosotros. No es para obtener conocimiento propio, ya que Él conoce todo de antemano y sabe todo lo relacionado con nuestra vida y lo que haremos; sino que nos prueba por nuestro propio beneficio, para que, de esa manera, lleguemos a conocernos a nosotros mismos. ¿Qué le respondió Abraham a Isaac cuando preguntó sobre el sacrificio?

> *"Y él respondió: 'Heme aquí, hijo mío'. Y él dijo: 'He aquí el fuego y la leña, pero, ¿dónde está el cordero para el holocausto?' Y respondió Abraham: 'Dios se proveerá de cordero para el holocausto, hijo mío'. E iban juntos."*
>
> *(Nueva Versión Internacional (NVI) Génesis 22:7)*

Moisés habló con Dios en la zarza ardiente de las laderas escarpadas del Monte Sinaí:

> *"Y se le apareció el Ángel de Jehová en una llama de fuego en medio de una zarza; y él miró, y vio que la*

zarza ardía en fuego, y la zarza no se consumía. Entonces Moisés dijo: Iré yo ahora y veré esta grande visión, por qué causa la zarza no se quema. Viendo Jehová que él iba a ver, lo llamó Dios de en medio de la zarza, y dijo: '¡Moisés, Moisés!' Y él respondió: 'Heme aquí'."

(Reina-Valera, 1960, Éxodo 3:2-4)

¿Dónde Elías escuchó el susurro de Dios?

"Tras el terremoto vino un fuego, pero el Señor tampoco estaba en el fuego. Y después del fuego vino un suave murmullo. Cuando Elías lo oyó, se cubrió el rostro con el manto y saliendo, se puso a la entrada de la cueva. Entonces oyó una voz que le dijo: '¿Qué haces aquí, Elías?' Él respondió: 'Me consume mi amor por ti, Señor Dios Todopoderoso. Los israelitas han rechazado tu pacto, han derribado tus altares, y a tus profetas los han matado a filo de espada. Yo soy el único que ha quedado con vida, ¡y ahora quieren matarme a mí también!'"

(NVI, 1 Reyes 19:12-14)

Así, nos pasa a nosotros siempre, Dios nos habla con una voz sutil y, muchas veces, ni le hacemos caso. Eso es muy cierto, no creo que me equivoque. Debemos estar atentos a Su voz todo el tiempo. Él le habló también a Ezequiel y a muchos más para la visión del trono de Dios y la visión de la Gloria Divina.

"Aconteció en el año treinta, en el mes cuarto, a los cinco días del mes, que estando yo en medio de los cautivos junto al río Quebar, los cielos se abrieron, y vi visiones de Dios. En el quinto año de la deportación del rey Joaquín, a los cinco días del mes, vino palabra de Jehová al sacerdote Ezequiel hijo de Buzi, en la tierra de los caldeos, junto al río Quebar; vino allí sobre él la mano de Jehová. Y miré, y he aquí venía del norte un viento tempestuoso, y una gran nube, con un fuego envolvente, y alrededor de él un resplandor, y en medio del fuego algo que parecía como bronce refulgente"

(Reina-Valera, 1960, Ezequiel 1:1-4)

¡Dios nos habla hoy, mañana y siempre! A veces no entendemos por qué nos suceden algunos tropiezos o dificultades, pero Dios las permite para que estemos alertas a cualquier situación que se nos presente en el camino, como piedra de tropiezo. Usted y yo sabemos que eso puede pasar para llamar nuestra atención y querer desviarnos cuando tenemos una gran bendición. Él solo quiere que escuchemos Su voz y sigamos Sus pisadas hasta llegar a la cima de la montaña.

"¿Quién nos separará del amor de Cristo? ¿Tribulación, o angustia, o persecución, o hambre, o desnudez, o

peligro, o espada? Como está escrito: Por causa de ti somos muertos todo el tiempo; Somos contados como ovejas de matadero. Antes, en todas estas cosas somos más que vencedores por medio de aquel que nos amó."

(Reina-Valera, 1960, Romanos 8:35-37)

La verdad es que podemos estar bien en cualquiera de los terrenos de la vida. Dios es quien nos sostendrá, no nuestras circunstancias. No logramos la paz abrumándonos con euforia. Encontramos paz al aceptar y comprender el valor de todos los tropiezos, en cualquier situación.

Tocar la cima de la montaña no es el fin principal de la vida. Es como cualquier otra circunstancia, una parte del viaje. Una oportunidad para estar agradecidos y dar gracias en todo tiempo. Atrévase a llegar alto.

La Montaña nos transmite tranquilidad, firmeza y valentía

La montaña, particularmente, tiene una energía que nos conecta con un nivel esencial: nos lleva a aprender y sostenernos en un mundo con firmeza, elegancia, dignidad, fuerza y, sobre todo, con templanza, perseverancia, fe, amor y más allá. Para que nadie nos saque del camino de nuestros sueños y el propósito de Dios.

Él siempre quiere que estemos firmes en nuestras decisiones.

Por muy alta que sea la montaña, siempre hay un camino hasta la cima para poder ver realizados nuestros sueños. Debemos tener bien claro que, aunque nos cueste trabajo poder lograrlo y a veces es complicado, al final siempre llegaremos y obtendremos los resultados que queremos.

La montaña simboliza la unión del cielo con la tierra, un espacio sagrado. Es en la montaña donde el hombre tiene que subir para enamorarse, estar con Dios y, en la paz de la montaña, encontrarse consigo mismo. Qué hermoso.

Abrácelo fuerte.

Haydee

¡Hola! ¿Estamos listos para dar gracias a Dios por el día a día?

*B*ueno, yo no sé usted, pero yo sí estoy lista para dar gracias a Dios y sentirme muy agradecida por todas Sus bendiciones y amor incondicional.

"Aconteció que estaba Jesús orando en un lugar, y cuando terminó, uno de sus discípulos le dijo: Señor, enséñanos a orar, como también Juan enseñó a sus discípulos."

(Reina-Valera, 1960, Lucas 11:1)

El Señor nos enseñó a orar como también Juan les enseñó a sus discípulos. ¿Cuál es la oración que el Señor nos dejó como modelo? El Padre Nuestro. ¿Qué es lo que realmente el Padre Nuestro explica? Analicémoslo. "…Danos hoy el pan de nuestro cada día", todos tenemos necesidades diarias y debemos estar listos para dar gracias a Dios por el día a día con Su mano poderosa. Para algunos, es solamente la comida que se precisa para sobrevivir ese día. También puede ser la fortaleza espiritual y física para enfrentar ese día, o una enfermedad crónica y de lenta recuperación, una situación financiera, un trabajo, problemas con la pareja e hijos, etc. En otros casos, pueden ser necesidades menos tangibles, como algo relacionado con las obligaciones diarias, enseñar una lección o simplemente ir a tomar un examen. Eso nos enseña a nosotros que debemos acudir a Dios cada día por la ayuda y el sustento que precisemos ese día y todo el tiempo.

La invitación de buscar nuestro pan de cada día de la mano del Padre Celestial es evidencia de un Dios amoroso que está al tanto aun de las pequeñas necesidades diarias de Sus hijos y que desea ayudarlos uno a uno. Él dice que podemos pedir con fe, claro que sí, si pedimos en abundancia; Dios no es un Dios de pequeñeces, NO, Él es un Dios de riquezas, abundancia, por eso debemos venir a Él confiados y con Fe.

Después de un gran Éxodo de Egipto, las tribus de Israel pasaron cuarenta años en el desierto antes de entrar a la tierra prometida. Esta gran multitud de más de un millón de personas tenían que alimentar, sin duda, ese número de personas, que era un compromiso. Así mismo, hoy, el Señor nos sigue alimentando a diario y, cabe decirlo, con el maná del cielo. Muy hermoso. ¿Verdad que sí?

Dios da el maná.

> *"Y la casa de Israel lo llamó Maná; y era como semilla de culantro, blanco, y su sabor como de hojuelas con miel. Y dijo Moisés: Esto es lo que Jehová ha mandado: Llenad un gomer de él, y guardadlo para vuestros descendientes, a fin de que vean el pan que yo os di a comer en el desierto, cuando yo os saqué de la tierra de Egipto".*

(Reina-Valera, 1960, Éxodo 16:31-32).

Así es. Tenemos un modelo de oración que se ha llegado a conocer como el Padre Nuestro:

"Vosotros, pues, oraréis así: Padre nuestro que estás en los cielos, santificado sea tu nombre. Venga tu reino. Hágase tu voluntad, como en el cielo, así también en la tierra. El pan nuestro de cada día, dánoslo hoy. Y perdónanos nuestras deudas, como también nosotros perdonamos a nuestros deudores. Y no nos metas en tentación, mas líbranos del mal; porque tuyo es el reino, y el poder, y la gloria, por todos los siglos. Amén."

(Reina-Valera, 1960, Mateo 6:9-13).

Él dice que podemos pedir con fe a ese Ser que da a todos abundantemente sin reproche, y nos será dado:"

"Y si alguno de vosotros tiene falta de sabiduría, pídala a Dios, el cual da a todos abundantemente y sin reproche, y le será dada."

(Reina-Valera, 1960, Santiago 1:5)

Eso, por supuesto, nos tranquiliza, porque detrás de ello hay algo más importante que solo ayuda para sobrevivir día a día. Al buscar y recibir el pan divino de cada día, nuestra fe y confianza en Dios aumenta.

Busquemos a Dios a diario. Confiemos en Él. Solucionemos los problemas con fe y afirmación.

Pedir a Dios nuestro pan de cada día en vez de nuestro pan de la semana, del mes o del año, es también una manera de centrarnos en las partes más pequeñas y manejables del problema. Para resolver algo grande, tal vez tengamos que lidiar con él en pequeñas porciones diarias. A veces, de lo único que somos capaces de encargarnos a la vez es de un día, o quizás de solo parte de un día. Eso es muy cierto.

El pedir y recibir el pan de cada día de la mano de Dios es parte esencial de aprender a confiar en Él y de sobrellevar los desafíos de la vida. También necesitamos una porción diaria de pan divino para hacer lo que debemos llegar a ser. Es un proceso que se debe realizar paso a paso.

"Hasta que todos lleguemos a la unidad de la fe y del conocimiento del Hijo de Dios, a un varón perfecto, a la medida de la estatura de la plenitud de Cristo;"

(Reina-Valera, 1960, Efesios 4:13)

El incorporar hábitos nuevos y sanos en nuestro carácter o el sobreponernos a malos hábitos o adicciones, con frecuencia significa un esfuerzo de hoy, seguido de otro mañana y luego otro, tal vez durante muchos días e incluso meses y años, hasta que logremos la victoria; pero es posible hacerlo porque podemos acudir a Dios por nuestro pan de cada día, por la ayuda que necesitamos a diario.

Recordemos que no debemos mirar solo en nuestro interior al buscar una medida diaria del pan divino. Si queremos llegar a ser más semejantes al Maestro, aquél que tampoco vino para ser servido, sino para servir.

"Porque el Hijo del Hombre no vino para ser servido, sino para servir, y para dar su vida en rescate por muchos."

(Reina-Valera, 1960, Marcos 10:45)

Buscaremos Su ayuda para ser de servicio a las demás personas día a día. Es la mejor parte. Se enriquecen las bendiciones en todo tiempo y con amor.

A veces estamos tan ocupados para atender o escuchar las necesidades de las personas, que ni siquiera los podemos escuchar, ¡qué tristeza! Error TOTAL. Somos puentes y canales para ayudar a otros, siempre, en todo tiempo. Jesús nunca estaba ni está demasiado ocupado para no atender a la gente. Entonces, no hay excusas. Ayudemos a los que necesiten nuestra ayuda.

Un torrente constante de bondad, ayuda y atenciones simples, son mucho más eficaces para mantener vivo el amor y nutrir una relación, que un gesto grande y costoso realizado esporádicamente. Consideremos seriamente las necesidades.

Al ir a dormir, pensemos en los logros y los fracasos del día, lo que hará que el día siguiente sea un poco mejor; y agradezcamos al Padre Celestial por el maná que Él ha puesto en nuestro camino y que nos ha sostenido durante el día. El reflexionar en ello aumentará la fe que tengamos en Él, y reconoceremos Su mano ayudándonos a sobrellevar algunos aspectos y a cambiar otros. Esto es un paso más hacia la vida eterna.

Doy mi testimonio de la realidad viviente del pan de vida, el Señor y del infinito poder y alcance de Su expiación. En última instancia, Su sacrificio y Su Gracia es lo que constituye el pan nuestro de cada día. Deberíamos buscarlo a Él todo el tiempo, sin desmayar.

El Padre Nuestro

La oración de Dios nuestro padre, Abba

"Vosotros, pues, oraréis así: Padre nuestro que estás en los cielos, santificado sea tu nombre. Venga tu reino. Hágase tu voluntad, como en el cielo, así también en la tierra. El pan nuestro de cada día, dánoslo hoy. Y perdónanos nuestras deudas, como también nosotros perdonamos a nuestros deudores. Y no nos metas en tentación, mas líbranos del mal; porque tuyo es el reino, y el poder, y la gloria, por todos los siglos."

(Reina-Valera, 1960, Mateo 6:9-13).

Confíe en Dios en los momentos difíciles

No es nada fácil, pero el Señor se glorifica en medio de las Tribulaciones.

"Bendeciré a Jehová en todo tiempo; Su alabanza estará de continuo en mi boca. En Jehová se gloriará mi alma; Lo oirán los mansos, y se alegrarán. Engrandeced a Jehová conmigo, y exaltemos a una su nombre. Busqué a Jehová, y él me oyó. Y me libró de todos mis temores."

(Reina-Valera, 1960, Salmos 34:1-4)

Todos sufrimos pérdidas o vivimos experiencias dolorosas en algún momento, lo que nos toca lo más profundo de nuestro corazón. Cuando nos ocurre, es normal sentir tristeza y hasta deprimirnos. Alabar y meditar en Él protege la mente y el corazón de modo que no caigamos en la desesperación.

Todo el tiempo debemos adorar, alabar al Señor, orar y dar gracias por todo. Pero hay momentos en que siento más la necesidad de postrarme ante los pies del Señor y, como yo lo llamo, a los pies del Maestro. Cuando lo hago y medito en Su palabra, es como ungüento santo que viene a calmar mis tristezas y el dolor que sienta por (x) razón. Al encomendarle a Dios mis lágrimas y mi confianza, se alivia mi tristeza y mi fe se fortalece. Al igual que Job, puedo decir: El Señor ha dado y el Señor ha quitado. Bendito sea el nombre de Dios. Al adorarlo de rodillas cada mañana, la presencia de Él es más real, y puedo sentir Su consuelo en medio de mi pesar. Usted puede hacerlo también. Demasiado bello, ¿verdad que sí?

> *"y dijo: Desnudo salí del vientre de mi madre, y desnudo volveré allá. Jehová dio, y Jehová quitó; sea el nombre de Jehová bendito."*
>
> *(Reina-Valera, 1960, Job 1:21)*

Aquí tiene unas sugerencias para alabar a Dios en medio del dolor, la tristeza y el desánimo:

- Recuerde el pasado: Alabar a Dios por lo fiel que fue en el pasado genera esperanza de que volverá a demostrar su fidelidad en el presente y el futuro.

- Derrame lágrimas: No siempre estamos contentos cuando alabamos a Dios. No tiene nada de malo llorar cuando estamos tristes. A veces, el llanto es parte de nuestra adoración y llorar te limpia el alma.

"Tú llevas la cuenta de todas mis angustias y has juntado todas mis lágrimas en tu frasco; has registrado cada una de ellas en tu libro."

(NTV, Salmo 56:8).

"echando toda vuestra ansiedad sobre Él, porque Él tiene cuidado de vosotros."

(Reina-Valera, 1960, 1 Pedro 5:7).

- Tenga a la mano unos versículos de emergencia: En momentos de tristeza, es un consuelo alabar a Dios utilizando algún versículo conocido y especial para usted. Algunos de mis preferidos son los Salmos 27, 34, 46, 91, 119, Juan 15, Isaías 26, entre otros.

- Dé un paseo para adorar: Caminar libera las tensiones. Respire profundo y deje que la adoración fortalezca la fe. Si las combina, le levantarán el ánimo y podrá ver la vida diferente.

- Haga una lista de agradecimiento: Esto lo aprendí durante una época particularmente difícil. Cada noche, antes de irme a dormir, grababa de tres a cinco cosas que habían ocurrido ese día por las que me sentía agradecida. Después de alabar a Dios por cada una, me podía dormir más animada y tranquila.

Cuando el apóstol Pablo dice que nos llenemos del gozo del Señor siempre, no se refiere a hacerlo solo cuando todo va bien. Aun cuando la situación está muy mal, el Señor nos enseña que podemos estar contentos si seguimos esta sencilla estrategia:

"Mas el fruto del Espíritu es amor, gozo, paz, paciencia, benignidad, bondad, fe, mansedumbre, templanza; contra tales cosas no hay ley."

(Reina-Valera, 1960, Gálatas 5:22-23)

- No se preocupe por nada: Preocuparnos no mejora la situación. Es como remar contra la corriente. Suéltelo y deje que fluya la bendición, eso le hará reposar... Jesús dice en Mateo 6:34: "Por lo tanto, no se angustien por el mañana, el cual tendrá sus propios afanes. Cada día tiene ya sus problemas." Es decir, no abramos el paraguas hasta que comience a llover. O, en otras palabras, no nos adelantemos. Viva un día a la vez y no se preocupe. ¿Es fácil? Nooo, para nada, pero sí se puede.

"Así que, no os afanéis por el día de mañana, porque el día de mañana traerá su afán. Basta a cada día su propio mal."

(Reina-Valera, 1960, Mateo 6:34)

- Ore por todo: En lugar de preocuparse, utilice su tiempo para orar y meditar. Si orara tanto como se preocupa, tendría menos preocupaciones. ¿A Dios le importan las cuotas del auto, casa, etc.? Sí. Le interesa cada detalle de su vida. Eso quiere decir que puede encomendarle a Dios todos sus problemas.

- Agradezca a Dios por todo: Cuando ore, hágalo con gratitud. La emoción más sana no es el amor, sino estar agradecidos. Hasta fortalece el sistema inmunológico, nos da resistencia al estrés y nos hace menos susceptibles a las enfermedades. Los que están o estamos agradecidos, somos más felices. Debemos dar gracias a Dios todo tiempo, sin cansarnos.

- Piense en cosas buenas: Si quiere reducir el nivel de preocupación en su vida, debe adoptar nuevos pensamientos, porque los pensamientos generan las emociones, y las emociones determinan las acciones. Dios nos enseña que, si quiere transformar su vida, debe pensar en otras cosas que edifiquen su alma y renueven todo su ser. Esto requiere una decisión premeditada y consciente de empezar a pensar en cosas buenas. Debemos decidir que vamos a pensar en lo positivo, en lo que el Señor nos ha enseñado, con una mente renovada.

¿Qué pasa cuando no nos preocupamos? ¿Cuándo oramos por todo dando gracias y nos concentramos en lo bueno? Pablo dice que la paz de Dios, que sobrepasa todo entendimiento, cuidará sus corazones y sus pensamientos.

"Y la paz de Dios, que sobrepasa todo entendimiento, guardará vuestros corazones y vuestros pensamientos en Cristo Jesús."

(Reina-Valera, 1960, Filipenses 4:7)

Todos, muchas veces, nos hemos sentido agobiados y cansados, necesitamos a alguien que nos ayude a aliviar esa carga. Puede ser a través de las palabras inspiradoras de un amigo, la música, meditar o, lo mejor, Dios. Sean cuales sean las circunstancias, podemos confiar siempre en que ÉL será fiel.

Dios nos iluminará y, cuando se lo pidamos, nos ayudará a superar los malos momentos. Si está teniendo un mal día hoy, o si sabe de alguien que anda mal, esto les puede aliviar su angustia.

"Antes que fuera yo humillado, descarriado andaba; Mas ahora guardo tu palabra. Bueno eres tú, y bienhechor; Enséñame tus estatutos."

(Reina-Valera, 1960, Salmos 119:67-68)

"Confía en el Señor de todo corazón, y no en tu propia inteligencia. Reconócelo en todos tus caminos, y Él allanará tus sendas.

(NVI, Proverbios 3:5-6)

Alabanzas por la bondad de Dios Salmos

Cántico para el día de reposo

"Bueno es alabarte, oh Jehová, Y cantar salmos a tu nombre, oh Altísimo;"

(Reina-Valera, 1960, Salmos 92:1).

"El justo florecerá como la palmera; Crecerá como cedro en el Líbano. Plantados en la casa de Jehová, En los atrios de nuestro Dios florecerán. Aun en la vejez fructificarán; Estarán vigorosos y verdes,"

(Reina-Valera, 1960, Salmos 92:12-14).

*Bajo la sombra de tus alas
¡Estamos guardados!*

"¡Cuán preciosa, oh Dios, es tu misericordia!
Por eso los hijos de los hombres se amparan
bajo la sombra de tus alas."

(Reina-Valera, 1960, Salmo 36:7)

Cuando los polluelos salen del cascarón, sus madres los cuidan y velan por su alimentación y protección. Las aves ponen debajo de sus alas a sus crías, y los protegen al punto de defenderlas hasta la muerte. Hay registros de que, después de grandes desastres de la naturaleza, se han encontrado aves cubriendo a sus crías, sacrificando sus vidas, pero con sus polluelos vivos bajo la protección de sus alas de amor. Esto es muy cierto y lindo. Así mismo hace el Señor con nosotros, nos guarda debajo de Sus alas.

Dios nos habla de ponernos bajo la sombra de Sus alas para poder ejemplificar físicamente ese cuidado, protección y seguridad que quiere brindar a sus hijos, librándolos del mal.

Vivir bajo las alas de nuestro Padre no significa solamente vivir bajo Su protección, también nos lleva a tener una relación tan cercana con Él que podemos sentir el amor de Dios, escuchar los latidos de Su corazón, sentir Su calor y Su amparo. Vivir bajo las alas de Dios es vivir en Su paz por la seguridad que su amor nos brinda, es tener el gozo de sentirnos amados y con esperanza porque Él nos defiende, es vivir con plenitud porque a Su lado nada nos faltará nunca. ¡No hay lugar más seguro que vivir bajo las sombras de Sus alas!

Si hoy estamos lejos de esas alas de amor que el Señor nos ofrece, regresemos a Él, para sentir su amor, para vivir confiados y sin temor a nuestros enemigos y a las circunstancias; para vivir seguros y plenamente, con gozos, arropados por Su eterno amor, que siempre está esperando por nosotros. Busquemos cada día esas alas de amor, donde Su sombra nos da la certeza que Él está con nosotros y nunca nos desampara.

Las plumas de las aves son un ejemplo maravilloso del diseño de Dios. Tienen una parte suave y una esponjosa. La parte suave tiene puntas rígidas con pequeños ganchos que se entrelazan como los dientes de un cierre. La parte esponjosa le da calor al ave. Juntas, ambas partes protegen al pájaro del viento y la lluvia. Sin embargo, como los pichones están cubiertos de una pelusa y sus plumas no se han desarrollado del todo, la madre tiene que cubrirlos con sus propias plumas para protegerlos del viento y la lluvia. Qué hermoso y tierno, ¿¡verdad!?

"Con sus plumas te cubrirá, Y debajo de sus alas estarás seguro; Escudo y adarga es su verdad".

(Reina-Valera, 1960, Salmos 91:4)

"Guárdame como a la niña de tus ojos; Escóndeme bajo la sombra de tus alas."

(Reina-Valera, 1960, Salmos 17:8)

Aunque atravesemos problemas y angustias, podemos enfrentarlos sin temor, siempre y cuando miremos a Dios, será nuestro "refugio". ¡Morando bajo la sombra del Omnipotente!

"El que habita al abrigo del Altísimo Morará bajo la sombra del Omnipotente. Diré yo a Jehová: Esperanza mía, y castillo mío; Mi Dios, en quien confiaré."

(Reina-Valera, 1960, Salmos 91:1)

¡Padre, gracias por ser más poderoso que cualquiera de mis situaciones, por más grande y difíciles que sean! Todo lo lograremos, somos más fuertes y vencedores por la eternidad y bajo Tu amparo. Eres real, Abba.

En el amor no hay temor. Solo confíe en Dios

"En el amor no hay temor, sino que el perfecto amor echa fuera el temor; porque el temor lleva en sí castigo. De donde el que teme, no ha sido perfeccionado en el amor."

(Reina-Valera, 1960, 1 Juan 4:18).

*"Encomienda a Jehová tu camino,
Y confía en él; y él hará".*

(Reina-Valera, 1960, Salmos 37:5).

Reconocer la mano de Dios en nuestras bendiciones diarias todo el tiempo

"Espera en el SEÑOR *y guarda su camino, y Él te exaltará para que poseas la tierra; cuando los impíos sean exterminados, tú lo verás."*

(La Biblia de las Américas, Salmos 37:34)

"Aconteció que estaba Jesús orando en un lugar, y cuando terminó, uno de sus discípulos le dijo: Señor, enséñanos a orar, como también Juan enseñó a sus discípulos."

(Reina-Valera, 1960, Lucas 11:1)

Jesús nos enseña a nosotros que debemos acudir a Dios cada día por el pan la ayuda y el sustento que precisemos ese día en particular. La invitación del Señor de buscar nuestro pan de cada día de la mano de nuestro Señor es evidencia de un Dios amoroso que está al tanto aun de las pequeñas necesidades diarias de Sus hijos y que desea ayudarlos, uno a uno. Él dice que podemos pedir con fe a ese Ser que da a todos abundantemente y sin reproche, le será dado.

"Y si alguno de vosotros tiene falta de sabiduría, pídala a Dios, el cual da a todos abundantemente y sin reproche, y le será dada."

(Reina-Valera, 1960, Santiago 1:5).

Aquí lo podemos ver. Después del gran éxodo de Egipto, las tribus de Israel pasaron cuarenta años en el desierto antes de entrar a la tierra prometida. Esa gran multitud de más de un millón de personas tenía que alimentarse. Sin duda, ese número de personas en un solo lugar no podía subsistir por mucho tiempo de la caza y su estilo de vida seminómada de ese momento, no permitía plantar cultivos ni criar ganado en cantidad suficiente. Jehová resolvió el problema proporcionándoles milagrosamente su pan diario del cielo: el Maná.

"Y les dijo Moisés: Ninguno deje nada de ello para mañana. Mas ellos no obedecieron a Moisés, sino que algunos dejaron de ello para otro día, y crio gusanos, y hedió; y se enojó contra ellos Moisés."

(Reina-Valera, 1960, Éxodo 16:19-20)

"Diciendo: Padre, si quieres, pasa de mí esta copa; pero no se haga mi voluntad, sino la tuya."

(Reina-Valera, 1960, Lucas 22:42)

Así es, hay momentos en los que agotamos todos los recursos y pareciera que todo se nos viene encima. Pero allí es cuando el Señor actúa. Postrarse a Sus pies pidiendo Su ayuda, Él nos levanta todo el tiempo, Dios conoce nuestra tristeza y necesidad, Él siempre abre un camino donde no lo hay.

"He aquí que yo hago cosa nueva; pronto saldrá a luz; ¿no la conoceréis? Otra vez abriré camino en el desierto, y ríos en la soledad."

(Reina-Valera, 1960, Isaías 43:19)

Él dice que podemos pedir con fe a ese Ser que da a todos abundantemente y sin reproche, nos será dado. Busquemos al Señor todo el tiempo.

"Y si alguno de vosotros tiene falta de sabiduría, pídala a Dios, el cual da a todos abundantemente y sin reproche, y le será dada."

(Reina-Valera, 1960, Santiago 1:5)

Aprendí a orar de la manera correcta. No se haga mi voluntad, sino la tuya. Busqué la ayuda del Señor en cada pequeño paso a lo largo del camino hacia una solución final, hasta obtener la victoria. Amén.

Morando bajo la sombra del Omnipotente

"El que habita al abrigo del Altísimo, Morará bajo la sombra del Omnipotente. Diré yo a Jehová: Esperanza mía, y castillo mío; Mi Dios, en quien confiaré. Él te librará del lazo del cazador, De la peste destructora. Con sus plumas te cubrirá, Y debajo de sus alas estarás seguro; Escudo y adarga es su verdad. No temerás el terror nocturno. Ni saeta que vuele de día, Ni pestilencia que ande en oscuridad, Ni mortandad que en medio del día destruya. Caerán a tu lado mil, Y diez mil a tu diestra; Mas a ti no llegará. Ciertamente con tus ojos mirarás. Y verás la recompensa de los impíos. Porque has puesto a Jehová, que es mi esperanza, Al Altísimo por tu habitación, No te sobrevendrá mal, Ni plaga tocará tu morada. Pues a sus ángeles mandará acerca de ti, Que te guarden en todos tus caminos. En las manos te llevarán, Para que tu pie no tropiece en piedra. Sobre el león y el áspid pisarás; Hollarás al cachorro del león y al dragón. Por cuanto en mí ha puesto su amor, yo también lo libraré; Le pondré *en alto, por cuanto ha conocido mi nombre. Me invocará, y yo le responderé; Con él estaré yo en la angustia; Lo libraré y le glorificaré. Lo saciaré de larga vida, Y le mostraré mi salvación."*

(Reina-Valera, 1960, Salmos 91)

El camino que nos lleva a la bendición del Cielo, abramos nuestros brazos para recibirla

"Guarda silencio ante Jehová, y espera en él. No te alteres con motivo del que prospera en su camino, Por el hombre que hace maldades."

(Reina-Valera, 1960, Salmos 37:7)

El pedir y recibir el sustento y la bendición cada día de la mano de Dios, es parte esencial de aprender a confiar en Él y de sobrellevar los desafíos de la vida.

Todos tenemos necesidades diarias para las cuales nos dirigimos a nuestro Padre Celestial. Para algunos es literalmente el pan, es decir, la comida que se necesita para sobrevivir ese día. También puede ser la fortaleza espiritual y física para enfrentar otro día de una enfermedad o de una lenta y penosa recuperación, problemas en el hogar, el trabajo, etc. En otros casos, puede ser una necesidad menos tangible, como algo relacionado con las obligaciones o actividades del día, por ejemplo, enseñar una lección o tomar un examen.

Jesús nos enseña a nosotros, que debemos acudir a Dios cada día por la ayuda y el sustento que necesitemos todo el tiempo, ya que, aunque Él sabe todo, siempre quiere escucharlo de nuestros labios. La invitación del Señor de buscar nuestro pan de cada día de la mano del Padre es evidencia de un Dios amoroso que está al tanto aun de las pequeñas necesidades diarias de Sus hijos y desea ayudarlos, uno a uno. Él dice que podemos pedir con fe a ese Ser que da a todos abundantemente y sin reproche. El Señor alumbra nuestro caminar todo el tiempo.

"Toda buena dádiva y todo don perfecto desciende de lo alto, del Padre de las luces, en el cual no hay mudanza, ni sombra de variación."

(Reina-Valera, 1960, Santiago 1:17)

Eso es, por supuesto, super tranquilizador, pero hay detrás de ello algo más importante que solo que la ayuda para sobrevivir día a día. Al buscar y recibir el pan divino de cada día, nuestra fe, confianza en Dios y en nosotros aumentan a diario y nos anima a seguir confiando. La bendición del Señor es abundante.

¡Un minuto de intimidad a solas con Él!

¿Qué planes tendrá Dios para su futuro, el mío cercano y para el no cercano? ¡Recuerde que Sus propósitos para nosotros son muchos mejores de lo que puedes siquiera imaginar! Hable con Él sobre esto y confíe.

¡Señor, mantenme conectada (o) a ti, creciendo fuerte con frutos y sirviéndote todo el tiempo! ¡Sin ti no puedo hacer nada! Tú eres mi Torre Fuerte. Amén.

Haydee

Caminar bajo la sombrilla del Omnipotente todo el tiempo

"El que habita al abrigo del Altísimo Morará bajo la sombra del Omnipotente. Diré yo a Jehová: Esperanza mía, y castillo mío; Mi Dios en quien confiaré. Él te librará del lazo del cazador, De la peste destructora. Con sus plumas te cubrirá, Y debajo de sus alas estarás seguro; Escudo y adarga es su verdad: No temerás el terror nocturno, Ni saeta que vuele de día, Ni pestilencia que ande en oscuridad, Ni mortandad que en medio del día destruya."

(Reina-Valera, 1960, Salmos 91:1-6)

¿Morar bajo la sombra del Omnipotente? Es una expresión que transmite un sentido de cercanía o proximidad extraordinaria, pues para que la sombra de otra persona se proyecte sobre nosotros, tenemos que estar muy cerca.

¿Quién es el Altísimo y quién el Omnipotente? Es un nombre que indica la grandeza y fortaleza de lo sobrenatural del Señor. "Shadday" es el Dios "Todopoderoso"— suficiente, eternamente capaz de ser todo lo que su pueblo necesita. Entonces, ¿qué significa "morando bajo la sombra del Omnipotente"?

Ellos verán la justicia de Dios, porque el que mal obra, mal vive, mal termina o muere.

"Entonces Dios dijo: «Yo soy El-Shaddai, 'Dios Todopoderoso'. Sé fructífero y multiplícate. Llegarás a formar una gran nación; incluso, de ti saldrán muchas naciones. ¡Habrá reyes entre tus descendientes!»"

(NTV, *Génesis 35:11*)

*"Mi escondedero y mi escudo eres tú;
En tu palabra he esperado."*

(Reina-Valera, 1960, *Salmos 119:114*)

¡Increíble pensar que Él es el Dios que nos abriga y quiere que estemos bajo su sombra y cuidado! En el nuevo testamento también aparece Dios como el Altísimo y Omnipotente.

Vivir bajo el abrigo de Dios quiere decir estar en su presencia, buscar su dirección, caminar de su mano, seguir sus instrucciones. Así vive una persona "que habita al abrigo del Altísimo". Esta es una de las palabras que más se utilizan en diferentes Versículos y Salmos de la Biblia. El abrigo en la Biblia se entiende como quien nos cuida, puede auxiliarnos y protegernos de toda clase de mal, inseguridad y otras cosas que requieran de Dios y los ángeles en nuestras vidas. Confiados en el Señor.

Hoy quiero despertar su conciencia de las grandes bendiciones que nuestro Dios, que es un Padre amoroso, nos ama y es misericordioso. Pero, por sobre todas las cosas, es Sublime, Todopoderoso, Altísimo e Incondicional. De acuerdo al tamaño de Dios que usted tenga es el tamaño de fe y esperanza que están en su corazón; si su Dios es este y fuera de Él no hay otro, no tiene motivos para vivir afligido, angustiado y sin esperanza. El miedo no es de Dios, solo debemos temer y respetar a nuestro Padre. Hay que prepararse siempre en todo momento y oración, pedir la protección del Cielo y nosotros cuidarnos también. Recuerda que somos: Cuerpo, Alma y Espíritu, y las tres cosas hay que cuidarlas.

"Por cuanto en mí ha puesto su amor, yo también lo libraré;
Le pondré en alto, por cuanto ha conocido mi nombre."

(Reina-Valera, 1960, Salmos 91:14)

Allí donde usted está leyendo este libro, no sé cuál sea su situación, pero yo quiero que por unos minutos reflexione qué dificultad está atravesando, qué le está quitando el sueño y le está atormentando; qué está pasando en su vida, si está atemorizado, qué está ocurriendo en su corazón, si se siente angustiado, etc. Pídale al Señor que lo levante, libere y aumente su fe. Todo se puede, no hay límites. Abra sus brazos y reciba Su bendición. Recuerde, crea en Dios y en usted mismo. Amén.

¡El Señor cuida de nosotros todo el tiempo!

Lo escribió David.

"Antes que los montes fueran engendrados, y nacieran la tierra y el mundo, desde la eternidad y hasta la eternidad, tú eres Dios." (LBLA, Salmos 90:2) Se refiere a la extensión eterna de Dios, que es sin principios ni fin.

"Dios siempre cuida a los suyos
y escucha sus oraciones,"

(Traducción en lenguaje actual, Salmos 34:15)

*Caminar con Dios e invertir
nuestro tiempo con un
corazón para Él*

*E*n la Biblia se describen a varias personas diciendo que "caminaban con Dios", empezando por Enoc en Génesis: 5:24:

> *"Caminó, pues, Enoc con Dios, y desapareció, porque le llevó Dios."*
>
> *(Reina-Valera, 1960, Génesis 5:24)*

También se describe a Noé como "varón justo, era perfecto en sus generaciones; con Dios caminó Noé" (Reina-Valera, 1960, Génesis 6:9).

Noé construye el arca:

> *"Estas son las generaciones de Noé: Noé, varón justo, era perfecto en sus generaciones; con Dios caminó Noé."*
>
> *(Reina-Valera, 1960, Génesis 6:9)*

Miqueas nos da una idea del deseo de Dios para nosotros:

> *"Oh hombre, él te ha declarado lo que es bueno, y qué pide Jehová de ti: solamente hacer justicia, y amar misericordia, y humillarte ante tu Dios".*
>
> *(Reina-Valera, 1960, Miqueas 6:8)*

¿Qué pide el Señor de nosotros? Solamente, que en todo tiempo seamos justos, que amemos la misericordia, humillarnos ante Él, ser transparente de corazón, amar a los demás, etc. Él desea que todos nosotros lo sigamos.

Caminar con Dios es así. Cuando entramos en una relación íntima, por medio de la fe en Su Hijo, Él se convierte en el mayor deseo de nuestro corazón.

Caminemos con Dios tomados de Su mano, disfrutemos el paseo. Podemos ver la naturaleza y todo lo que el Señor nos ha regalado y así poder atesórala en nuestros corazones.

"acerquémonos con corazón sincero, en plena certidumbre de fe, purificados los corazones de mala conciencia, y lavados los cuerpos con agua pura."

(Reina-Valera, 1960, Hebreos 10:22)

Cuando entramos en una relación personal con Dios por medio de la fe, Él se convierte en el mayor deseo de nuestro corazón. Conocerlo, escuchar Su voz, compartir nuestros sentimientos con Él y buscar complacerlo, se convierte en nuestro objetivo principal. Él es todo para nosotros. Estar con Él no es una actividad reservada para un día específico o con un horario limitado, vivimos para estar en comunión con Él. Los 365 días del año, 24 horas al día, 7 días de la semana, como yo digo. Caminar con Él significa que usted y Dios están de acuerdo con respecto a su vida, que has alineado su voluntad con la de Él. Es muy importante.

"¿Andarán dos juntos, si no estuvieren de acuerdo?"

(Reina-Valera, 1960, Amós 3:3)

Como seres humanos, no podemos pensar en ningún elogio más grande que ser descrito como un hombre o una mujer con un corazón según el corazón de Dios. Así describía Dios a David: "Este es un hombre según mi corazón":

"Quitado este, les levantó por rey a David, de quien dio también testimonio diciendo: He hallado a David hijo de Isaí, varón conforme a mi corazón, quien hará todo lo que yo quiero."

(Reina-Valera, 1960, Hechos 13:22)

"Mas ahora tu reino no será duradero. Jehová se ha buscado un varón conforme a su corazón, al cual Jehová ha designado para que sea príncipe sobre su pueblo, por cuanto tú no has guardado lo que Jehová te mandó."

(Reina-Valera, 1960, 1 Samuel 13:14)

*"Yo nací en iniquidad, Y en pecado
me concibió mi madre."*

(NBLA, *1960, Salmos 51:5*)

No importa cómo nos han engendrado o en qué condición, siempre recordamos lo feo que nos ocurrió antes o después de que nacemos por lo que nos dice la gente. Lo que nos importa, ¡es como estamos HOY! Todos somos tercos, egoístas, arrogantes y orgullosos, en algún momento. Debemos tener un encuentro con Dios para que nos guíe en Su camino y nos ayude a ver lo bella y hermosa que es la vida. Él es misericordioso y compasivo, el Señor ve solo el corazón de las personas y su humildad por cómo lo amamos a Él y su amor incondicional, Agape. Recordemos que el Señor nos escogió a nosotros y seguir Sus pasos es el mejor camino.

Más bien, la conversión es la obra de Dios, Él había realizado esa obra en el corazón de David. David no escogió a Dios; Dios escogió a David y lo tomó del redil para pastorear a su pueblo, eso mismo hizo o hace con nosotros.

"Eligió a David su siervo, Y lo tomó de las majadas de las ovejas; De tras las paridas lo trajo, Para que apacentase a Jacob su pueblo, Y a Israel su heredad."

(Reina-Valera, *1960, Salmos 78:70-71*)

Aunque David tenía su parte de pecados, siempre confesaba y se apartaba de ellos, conservaba un corazón que fuese conforme al de Su Padre. ¿Qué es lo más importante para Dios? El Corazón. Cuídelo, es su tesoro.

"Sobre toda cosa guardada, guarda tu corazón; Porque de él mana la vida."

(Reina-Valera, 1960, Proverbios 4:23)

Excelencias de la ley de Dios, lo importante que es para Él el corazón

"Bienaventurados los perfectos de camino, Los que andan en la ley de Jehová. Bienaventurados los que guardan sus testimonios, Y con todo el corazón le buscan; Pues no hacen iniquidad Los que andan en sus caminos. Tú encargaste Que sean muy guardados tus mandamientos. ¡Ojalá fuesen ordenados mis caminos Para guardar tus estatutos! Entonces no sería yo avergonzado, Cuando atendiese a todos tus mandamientos. Te alabaré con rectitud de corazón. Cuando aprendiere tus justos juicios. Tus estatutos guardaré; No me dejes enteramente. ¿Con qué limpiará el joven su camino? Con guardar tu palabra. Con todo mi corazón te he buscado; No me dejes desviarme de tus mandamientos. En mi corazón he guardado tus dichos, Para no pecar contra ti. Bendito tú, oh, Jehová; Enséñame tus estatutos. Con mis labios he contado. Todos los juicios de tu boca. Me he gozado en el *camino de tus testimonios. Más que de toda riqueza. En tus mandamientos meditaré; Consideraré tus caminos. Me regocijaré en tus estatutos; No me olvidaré de tus palabras. Haz bien a tu siervo; que viva, Y guarde tu palabra. Abre mis ojos, y miraré. Las maravillas de tu ley."*

(Reina-Valera, 1960, Salmos 119:1-18)

Este es el Salmos que más habla del corazón. ¡Qué importante es para Dios, cuídelo!

*Cómo debemos caminar
hacia la meta y la victoria
con Fe y creer que
todo se puede*

Caminar hacia la meta final, que es la eternidad con Dios, es posible cuando damos pasos agigantados firmes, sostenidos de fe y confianza, tomados de la mano del Señor. Avanzar no se logra dependiendo de la fortaleza personal, sino afianzados de la fortaleza divina y confiando también en nosotros, que sí podemos.

Es probable que las circunstancias adversas desprendan temores, inquietud e incertidumbre; sin embargo, estamos llamados a seguir caminando con fidelidad a Dios. Nos anima la esperanza de que nuestro amado Padre cumplirá aquello que nos ha prometido. Sabiendo que el día es hoy para muchas bendiciones y del mañana se encargará Dios:

"Levántate, ve por la tierra a lo largo de ella y a su ancho; porque a ti la daré."

(Reina-Valera, 1960, Génesis 13:17)

Eso es así, el Señor nos da las armas para poder avanzar hacia la Victoria.

"y andaré entre vosotros, y yo seré vuestro Dios, y vosotros seréis mi pueblo."

(Reina-Valera, 1960, Levítico 26:12)

Nuestro tiempo terrenal con Dios amerita que tengamos fe. Puede que no veamos ahora la materialización de las promesas divinas, pero debemos seguir caminando firmes como los hombres de fe que describe la Biblia. Estamos llamados a guardar la esperanza, confiando en la veracidad de las promesas de Dios.

Es posible dar pasos hacia la victoria con ayuda de Dios para despojarnos del temor, las dudas y la incertidumbre que nos impiden avanzar. Con Su ayuda podemos vencer la tentación que inclina nuestra naturaleza al pecado y podemos avanzar en el camino de fe con perseverancia. Debemos poner la mirada en Él siempre.

Nosotros estamos llamados a caminar en victoria con Su ayuda. Él nos guía, levanta y fortalece para seguir adelante, por encima de las circunstancias. Cuando llega el desánimo, Él nos anima; si nos asalta la incertidumbre, nos llena de seguridad; y si el cansancio toca a nuestra puerta, Él nos fortalece. ¡Usted puede dar pasos firmes hacia la victoria caminando de la mano del Señor!

Siempre oro y me postro a los pies del Señor de rodillas, es lo mejor que podemos hacer en todo el tiempo, pero debemos también tomar acción. Ahora, sé que poner de mi parte incluye tomar decisiones saludables, renovar mi mente con la verdad y hacer todo lo posible para huir de las tentaciones, me hará más fuerte y tomaré decisiones con firmeza.

Pero, hagamos nuestra parte. No podemos hacer lo que solo Dios puede hacer. Él NO hará lo que nosotros tenemos que hacer, como orar y meditar en todo momento.

Aprendí a centrarme en las cosas que están en mi control, como hacer elecciones saludables y tener una perspectiva correcta. ¡A medida que me centraba en glorificar a Dios, mi cuerpo comenzó a moverse en la dirección correcta! ¡Cómo le parece! Es muy cierto.

Cuando estemos involucrados en una batalla similar, cambiemos nuestra perspectiva, tomemos pasos agigantados todos los días, participemos en la responsabilidad divina o entrenamiento, apoyémonos en Su Fortaleza, confiemos en Él y en nosotros. Amén.

"Por lo demás, hermanos míos, fortaleceos en el Señor, y en el poder de su fuerza."

(Reina-Valera, 1960, Efesios 6:10)

Dejemos que la bendición del Señor toque las puertas de nuestro corazón y Su mano limpie nuestra Alma

"y andaré entre vosotros, y yo seré vuestro Dios, y vosotros seréis mi pueblo. Yo Jehová vuestro Dios, que os saqué de la tierra de Egipto, para que no fueseis sus siervos, y rompí las coyundas de vuestro yugo, y os he hecho andar con el rostro erguido."

(Reina-Valera, 1960, Levítico 26:12-13)

En nuestros momentos de debilidad, ¡entonces es cuando el poder de Dios se perfecciona!

Romper la rutina que nos agobia: Muchas veces nos envolvemos en el sistema y ritmo de la vida. Pregunto, ¿cuándo fue la última vez que leyó la Biblia, un libro de su agrado, escuchó música, fue al cine, teatro, etc.? O este, que es mi favorito: ¿Cuándo fue la última vez que se ha sentado bajo un árbol?, orando o meditando. ¿Alguna vez las frescas aguas de un arroyo le corren por los pies y escucha el ruido del agua? Creo que disfrutaría meditar, escuchar música o soñar que está en las nubes, al mismo tiempo que ve el sol subir desde el horizonte y se esconde en las montañas. Aún más allá. A mí me encanta. Atrévase a disfrutar de lo hermoso que Dios nos ha regalado.

Claro que NO es posible para nosotros hacer todas esas cosas, pero sí podemos romper la rutina normal de nuestro tiempo a solas con Dios. Muchas veces nos envolvemos y acomodamos en el ritmo de la vida y de este mundo y poco tiempo tenemos para pasar un rato a solas con Dios y nosotros mismos. Nos hacemos monótonos a tal punto que no tenemos tiempo para dedicarnos y disfrutar de las cosas hermosas que Él nos ofrece en esta tierra. Así nos podemos sentir mejor con nosotros mismos, con Dios y, al mismo tiempo, ser felices, cómo le parece.

"El corazón alegre hermosea el rostro; Mas por el dolor del corazón el espíritu se abate."

(Reina-Valera, 1960, Proverbios 15:13)

Yo lo creo. Pero, seguro, usted, que está allí escuchando o leyendo este mensaje, diría: es que no tengo tiempo. Escusas y solo escusas; siempre se puede sacar tiempo para nosotros y regalarnos un espacio de retiro Espiritual y Meditación con Dios y nosotros mismos. Creo que nos falta un poco de decisión y deseo de estar a solas con el Señor, el contacto con la naturaleza y con nosotros mismos. Qué rico, yo lo hago, y usted lo puede hacer también. Anímese. Entonces, ¿cómo evitamos los tiempos secos y, muchas veces, aburridos en nuestra vida? Rompiendo la rutina de lo usual y añadiendo algo de variedad de nuestro tiempo con Dios.

"Aconteció que mientras Jesús oraba aparte, estaban con él los discípulos; y les preguntó, diciendo: ¿Quién dice la gente que soy yo?"

(Reina-Valera, 1960, Lucas 9:18)

"Pero entendiendo Jesús que iban a venir para apoderarse de él y hacerle rey, volvió a retirarse al monte él solo."

(Reina-Valera, 1960, Juan 6:15)

Todos necesitamos estar a solas, unidos con el corazón. La adoración y meditación con Dios y nosotros sirve para alinear nuestras ideas y limpiarnos el Alma. ¿Le digo algo? Jesús encontraba lugares solitarios y alejados de la agitación de la gente, del trabajo, cosas del hogar, el abrumador mundo de afuera, las quejas, conflictos, etc. Y eso nos hace sentir mejor con nosotros, con Dios y ser mejores personas. ¿Usted lo cree? Yo sí. Hermoso, ¿verdad?

"Meditaré en todas tus obras, Y hablaré de tus hechos. Oh Dios, santo es tu camino; ¿Qué dios es grande como nuestro Dios?"

(Reina-Valera, 1960, Salmos 77:12-13)

"Nunca se apartará de tu boca este libro de la ley, sino que de día y de noche meditarás en él, para que guardes y hagas conforme a todo lo que en él está escrito; porque entonces harás prosperar tu camino, y todo te saldrá bien".

(Reina-Valera, 1960, Josué 1:8)

Nunca deje de orar y meditar a solas con Dios

La perseverancia en la oración requiere que nuestra atención se enfoque en lo divino. Conscientemente, oramos al Padre en el nombre, por la sangre del Hijo y por medio del Espíritu Santo, no solo en nuestras peticiones diarias, sino a la hora de la comida para dar gracias y, en fin, en mucho más. Debemos orar sin cesar, todo el tiempo y creer que todo lo tenemos bajo la perfecta voluntad del Señor. Amén.

Pasamos tiempo a solas con Dios y en la adoración corporativa para la mejor nutrición espiritual. Sin tiempo a solas con Dios, vamos a percibir necesidades insatisfechas; no experimentaremos realmente la vida abundante que Él da.

Haydee

"Yo soy la vid verdadera, y Dios mi Padre es el que la cuida. Si una de mis ramas no da uvas, mi Padre la corta; pero limpia las ramas que dan fruto para que den más fruto. Ustedes ya están limpios, gracias al mensaje que les he anunciado".

(Traducción en lenguaje actual, Juan 15:1-3)

¿Cuáles son los gigantes (los Goliats) en nuestras vidas?

A lo largo de nuestra vida, muchas veces tenemos que enfrentarnos a situaciones difíciles e imposibles de superar, humanamente hablando. Se levantan contra nosotros intentando no solo afectarnos en la faz terrenal, sino también en lo espiritual. Estas situaciones vienen con una sola misión: desenfocarnos de nuestra carrera espiritual a fin de que nos perdamos las bendiciones de Dios para nosotros y desviar el propósito por el cual estamos en la tierra. Estos son llamados "los gigantes de la vida". Identifíquelos y sáquelos de su vida.

Estos Goliats, que pueden ser nuestros problemas, dificultades, situaciones difíciles y complicadas de la vida cotidiana, en realidad, no merecen llamarse "gigantes", pues la Palabra de Dios nos enseña que existe uno solo, llamado el poderoso Gigante, que está de nuestro lado: Dios. Jeremías Dice:

"Porque oí la murmuración de muchos, temor de todas partes: Denunciad, denunciémosle. Todos mis amigos miraban si claudicaría. Quizá se engañará, decían, y prevaleceremos contra él, y tomaremos de él nuestra venganza. Mas Jehová está conmigo como poderoso gigante; por tanto, los que me persiguen tropezarán, y

no prevalecerán; serán avergonzados en gran manera, porque no prosperaran; tendrán perpetua confusión que jamás será olvidada."

(Reina-Valera, 1960, Jeremías 20:10-11)

El Profeta Jeremías tenía alrededor suyo a muchos Goliats, enemigos que querían levantarse como los gigantes, pero en medio de semejante confusión, el profeta creyó y confesó con su boca que el único digno de ser llamado Poderoso Gigante es el Señor.

Es muy probable que en este tiempo usted se vea rodeado de muchos de los gigantes como Goliat y como David en la antigüedad, y usted tendrá que hacer algo si quiere ver en su vida la manifestación del poderoso Gigante Dios.

En 1 Samuel, se relata el enfrentamiento entre David y Goliat. Vamos a extraer de este pasaje lecciones prácticas para que nosotros hoy, en el nombre del Señor, podamos vencer, como hizo David sobre Goliat. Cualesquiera que sean los gigantes como Goliat que estemos enfrentando (escasez, enfermedad, infelicidad matrimonial, falta de perdón, ira, amargura, estrés, entre otros), no se olvide que a lo largo de nuestro diario caminar tendremos que enfrentarnos con diversos Goliats.

"Salió entonces del campamento de los filisteos un paladín, el cual se llamaba Goliat, oriundo de Gat, y tenía de altura seis codos y un palmo."

(Reina-Valera, 1960, 1 Samuel 17:4)

Los gigantes aparecen de repente y se presentan como superiores a nuestras posibilidades y a nuestro Dios.

"Oyendo Saúl y todo Israel estas palabras del filisteo, se turbaron y tuvieron gran miedo."

(Reina-Valera, 1960, 1 Samuel 17:11)

El Goliat viene a desafiar su vida, para que se deje amedrentar y asustar. Si caemos en turbación y gran miedo, hemos perdido la batalla contra los gigantes que impiden el crecimiento espiritual y alcanzar la paz.
"Cuando siento miedo, pongo en ti mi confianza."

(nvi, Salmo 56:3)

¡Una y otra vez, David se encontró en situaciones que eran francamente aterradoras! No podía cambiar su situación y no podía cambiar la forma en que se sentía, pero sí podía guiar su mirada. Esta confianza le dio valor para dar el siguiente paso.

Tengo versículos en diversas formas hermosas dispersadas por mi casa, en mi oficina, en mi cocina, donde mis ojos pueden captar la Palabra que alabo. Los coloco para recordarme a aquel que es la fuente de mi valor y fuerza, para no temerle a nadie ni a nada, solo Él es mayor que todos estos miedos. Recordemos que nuestra es la oración, Dios y la confianza para seguir avanzando hacia nuestras metas.

Esta oración es mi favorita: Señor, todos los días hay situaciones con el potencial de empujarnos a mí y a mis seres queridos a temer. Puedo mirar hacia Ti cuando tengo miedo y ayudar a otros a confiar en Ti. Ayúdame a encontrar el coraje que necesito para no temer a las cosas invisibles y visibles. Sabía que el miedo no es de Dios, porque Su amor siempre nos abraza y guarda. Amén.

"Solo él es mi roca y mi salvación; él es mi protector y no habré de caer."

(NVI, *Salmos* 62:6).

Dios, el único refugio. Salmo de David

"En Dios solamente está acallada mi alma; De él viene mi salvación. Él solamente es mi roca y mi salvación; Es mi refugio, no resbalaré mucho. ¿Hasta cuándo maquinaréis contra un hombre, Tratando todos vosotros de aplastarle Como pared desplomada y como cerca derribada? Solamente consultan para arrojarle de su grandeza. Aman la mentira; Con su boca bendicen, pero maldicen en su corazón. Selah

Alma mía, en Dios solamente reposa, Porque de él es mi esperanza. Él es mi roca y mi salvación. Es mi refugio, no resbalaré. En Dios está mi salvación y mi gloria; En Dios está mi roca fuerte, y mi refugio.

Esperad en él en todo tiempo, oh pueblos; Derramad delante de él vuestro corazón; Dios es nuestro refugio. Selah

Por cierto, vanidad son los hijos de los hombres, mentira los hijos de varón; Pesándolos a todos igualmente en la balanza, Serán menos que nada. No confíes en la violencia, Ni en la rapiña; no os envanezcáis; si se aumentan las riquezas, no pongáis el corazón en ellas.

Una vez habló Dios; Dos veces he oído esto: Que de Dios es el poder, Y tuya, oh Señor, es la misericordia; Porque tú pagas a cada uno conforme a su obra."

(Reina-Valera, 1960, Salmos 62:1-12).

Cómo nos cuesta aprender y ser guiados por Dios si Él se tarda demasiado

*¡T*odos nosotros queremos que las cosas buenas sucedan en nuestra vida y las queremos ya! No después. Cuando no sucede de esta manera, estamos tentados a preguntar, "¿Cuándo, Dios, cuándo?". La mayoría de nosotros necesitamos crecer en el área de confiar en Él en vez de enfocarnos en la pregunta de "cuándo" o "por qué no ha llagado". Está perdiendo el gozo y la paz, no está confiando en Dios si su mente se siente agotada todo el tiempo.

La tendencia de querer saber todo lo que está pasando puede ser perjudicial en su camino. A veces, saber todo es incómodo e, incluso, nos puede lastimar. Dios nos enseña que debemos esperar, confiar y dejar de sentirnos como que teníamos que saber todo. Debemos aprender a confiar en Sus promesas y descansar sin preocuparnos. Dios quiere que vivamos con discernimiento-conocimiento de revelación, no conocimiento de nuestra propia mente.

Es difícil ejercer el discernimiento si siempre está intentando resolver todo por usted mismo. Pero, cuando está dispuesto a decir, "Dios, yo no puedo resolver esto, por eso voy a confiar en Ti para que me des la revelación que me hará libre", entonces, podrá sentirse tranquilo a pesar de no saber. Confiar en Dios, muchas veces, requiere no saber cómo Dios va a realizar lo que es necesario hacer y no saber cuándo Él va a hacerlo. Muchas veces, decimos que Dios nunca llega tarde, pero generalmente tampoco llega temprano. ¿Por qué? Porque Él usa estos tiempos de espera para ensanchar nuestra fe en Él, traer el cambio y crecimiento a nuestras vidas.

Hay que esperar con Paciencia. El cambio es un proceso. Muchas personas quieren cambiar, pero no quieren pasar el proceso de espera. La pregunta es, si vamos a esperar en la manera incorrecta o correcta. Si esperamos en la manera incorrecta, seremos infelices; pero si decidimos esperar en la manera en que Dios quiere, nos podemos volver pacientes y disfrutar la espera. La paciencia es un fruto del Espíritu, se desarrolla solamente bajo la prueba y presión, por eso no debemos escapar de las situaciones difíciles. Esto es muy importante saberlo.

"Mas el fruto del Espíritu es amor, gozo, paz, paciencia, benignidad, bondad, fe, mansedumbre, templanza; contra tales cosas no hay ley."

(Reina-Valera, 1960, Gálatas 5:22-23)

Aun nuestra relación con Dios involucra cambios progresivos. Mi relación con Dios es muy diferente ahora en comparación a mis primeros días de experiencia con Él. Aprendemos a confiar en el Señor mientras que pasamos a través de muchas experiencias, desiertos y caminos de espinas que requieren confianza. Cuando vemos la fidelidad de Dios una y otra vez, dejamos de frustrarnos. El tiempo y la confianza trabajan uno al lado del otro.

Aceptemos el tiempo del Dios, que nos da la esperanza y los sueños para que ciertas cosas sucedan en nuestras vidas. Él no siempre nos permite ver exactamente el tiempo justo de Su plan, pero, cuando aceptamos Su tiempo, podemos aprender a vivir en la esperanza y disfrutar nuestras vidas mientras que está obrando sobre nuestros problemas. Sabemos que tiene un buen plan para nuestras vidas y, cuando nos entregamos a Él, podemos experimentar la paz completa y la felicidad.

El libro de Génesis cuenta la historia de José, quien esperó muchos años para cumplir el sueño que Dios le había dado. Fue falsamente acusado y encarcelado antes de que llegara el momento de hacer lo que Dios le había mostrado que debía hacer, además de las bendiciones por esperar en Dios.

"Esta es la historia de la familia de Jacob: José, siendo de edad de diecisiete años, apacentaba las ovejas con sus hermanos; y el joven estaba con los hijos de Bilha y con los hijos de Zilpa, mujeres de su padre; e informaba José a su padre la mala fama de ellos."

(Reina-Valera, 1960, Génesis 37:2)

Es la misma verdad para nuestras vidas. Dios simplemente requiere que hagamos lo que Él nos dice sin cuestionar o tratar de resolver todo. Aprende a confiar en Él todo el tiempo.

"El corazón del hombre piensa su camino;
Mas Jehová endereza sus pasos."

(Reina-Valera, 1960, Proverbios 16:9)

Cuando Dios nos dirige en nuestros caminos, a veces nos guía en maneras que no tienen sentido para nosotros, así que no siempre vamos a entender todo. Esto parece sencillo, pero demasiadas personas cometemos el error de intentar resolverlo todo por nosotros mismos. Eclesiastés nos dice:

"Todo tiene su tiempo, y todo lo que se quiere
debajo del cielo tiene su hora".

(Reina-Valera, 1960, Eclesiastés 3:1)

Entonces, creamos lo que el Señor nos promete en Su tiempo. Esto nos deja saber que no todos vivimos la misma temporada al mismo tiempo. Nunca debe estar celoso de una persona que está disfrutando de la cosecha mientras que usted aún está en una temporada de siembra. Recuerde, ellos tuvieron que pasar a través de una temporada de siembra, así como usted. La siembra representa aprender la voluntad de Dios. Muy cierto.

¡Dios hace que las cosas sucedan en el tiempo justo! ¡Su trabajo no es averiguar cuándo, sino decidirse que no se dará por vencido hasta que cruce la línea de meta y esté viviendo en las maravillosas bendiciones de Dios! Confiar en Dios trae vida, creer trae seguridad, descansar trae paz, etc. Así que, deje de intentar resolver todo. Deje que Dios sea Dios en su vida.

Todo tiene su tiempo debajo del Cielo y su hora.

Ni antes, ni después

"Todo tiene su tiempo, y todo lo que se quiere debajo del cielo tiene su hora. Tiempo de nacer, y tiempo de morir; tiempo de plantar, y tiempo de arrancar lo plantado; tiempo de matar, y tiempo de curar; tiempo de destruir, y tiempo de edificar; tiempo de llorar, y tiempo de reír; tiempo de endechar, y tiempo de bailar; tiempo de esparcir piedras, y tiempo de juntar piedras; tiempo de abrazar, y tiempo de abstenerse de abrazar; tiempo de buscar, y tiempo de perder; tiempo de guardar, y tiempo de desechar; tiempo de romper, y tiempo de coser; tiempo de callar, y tiempo de hablar; tiempo de amar, y tiempo de aborrecer; tiempo de guerra, y tiempo de paz. ¿Qué provecho tiene el que trabaja, de aquello en que se afana"

(Reina-Valera, 1960, Eclesiastés 3:1-9).

*Debemos tener un encuentro
con Dios y nosotros mismos*

Muchas veces decimos que solo debemos acudir a Dios cuando tenemos una gran necesidad o una urgencia por cualquier situación que se nos cruza en el camino. Que solo debemos leer la Biblia cuando haya algo que no entendamos completamente, como el fin de los tiempos, por ejemplo. O solo orar a Dios cuando haya algo que necesitemos, como un trabajo, una pareja, finanzas, enfermedad, etc. Pero esta NO es la forma de tratar al Rey de la creación, el Dios que nos creó y quien ha provisto una manera de encontrarnos con Él a pesar de nuestra rebelión.

Nos encontramos con Dios porque él es digno. Él ha creado el mundo. Nos ha creado a nosotros. Él es bueno con nosotros más allá de lo que merecemos. Él nos da Su perdón, misericordia, gracia y, finalmente, a Él mismo. Es digno de nuestra alabanza, adoración y de nuestro constante encuentro con Él en la intimidad. Nosotros somos sus hijos.

> *"Y por cuanto sois hijos, Dios envió a vuestros corazones el Espíritu de su Hijo, el cual clama: ¡Abba, Padre! Así que ya no eres esclavo, sino hijo; y si hijo, también heredero de Dios por medio de Cristo."*
>
> (Reina-Valera, 1960, Gálatas 4:6-7)

Nos dice que Dios envió a su hijo para que nosotros recibiéramos la adopción como hijos. Igualmente, nos encontramos con Dios porque Él nos ama. El Señor nos dice:

"Por tanto, de esta manera te haré a ti, oh Israel; y porque te he de hacer esto, prepárate para venir al encuentro de tu Dios, oh Israel."

(Reina-Valera, 1960, Amós 4:12)

"Los cielos cuentan la gloria de Dios, Y el firmamento anuncia la obra de sus manos. Un día emite palabra a otro día, Y una noche a otra noche declara sabiduría.

(Reina-Valera, 1960, Salmos 19:1-2)

Así que, podemos ver al menos algo acerca de quién es Dios por medio de la creación. ¿Será, entonces, suficiente la naturaleza o nuestra propia cuenta para tratar, simplemente, de encontrarnos con Dios? Podemos ir a Él también a través de la oración y rendirnos a Sus pies. Nos señala a sí mismo como el gran creador del universo. En el Antiguo Testamento, Dios habló claramente a Abraham. Él lo llamó con voz audible, le dijo que fuera a donde él lo llevaría y le comunicó una serie de promesas acerca de cómo planeaba bendecirlo a él y a sus descendencias.

"Entonces Abraham se postró sobre su rostro, y se rio, y dijo en su corazón: ¿A hombre de cien años ha de nacer hijo? ¿Y Sara, ya de noventa años, ha de concebir?"

(Reina-Valera, 1960, Génesis 17:17)

"Y no se llamará más tu nombre Abram, sino que será tu nombre Abraham, porque te he puesto por padre de muchedumbre de gentes."

(Reina-Valera, 1960, Génesis 17:5)

El Señor nos muestra que no podemos ser justos por nuestra propia cuenta, sino que necesitamos que Él sea quien nos justifique si queremos estar a Su lado por siempre. Todos debemos venir al encuentro con Dios; el rico y el pobre, el anciano, el joven, el culto y el inculto, así que, todos, nos reuniremos con Dios. Tal vez hayas cancelado muchos compromisos aquí en esta vida, pero hay un compromiso que debemos mantener.

"De manera que cada uno de nosotros dará a Dios cuenta de sí"

(Reina-Valera, 1960, Romanos 14:12)

¿Cuántos de nosotros sabemos el tiempo que nos queda aquí en este mundo? Creo que ninguno y que no me equivoco. Entonces, aprovechemos el tiempo que Dios nos regala. Amén.

Cuando tengamos el encuentro con el Señor vamos a sentir Su presencia y nos levantará

Experiencia interpersonal es un encuentro sencillo, pero profundo y mutuo, entre dos personas; es un conocimiento directo adquirido en el contacto con el misterio del ser humano, que nos abre a su profundidad.

Muchas veces la noción de encuentro se utiliza para aludir a una reunión o una entrevista entre varias personas que se juntan con el objetivo de tratar un asunto o de resolver una problemática.

"Me mostrarás la senda de la vida; En tu presencia hay plenitud de gozo; Delicias a tu diestra para siempre."

(Reina-Valera, 1960, Salmos 16:11)

Dios nos encuentra en la soledad del desierto como un Padre

¿Qué pasa con el desierto espiritual? No es una depresión o ansiedad, como muchas veces nos han hecho creer. El desierto espiritual realmente es un llamado que hace el Señor a Sus hijos, como dice el libro de Oseas, para enamorarnos y hablarnos al corazón. ¡Qué hermoso es el Señor! ¿Verdad que sí? Me encanta.

> *"Pero he aquí que yo la atraeré y la llevaré al desierto, y hablaré a su corazón. Y le daré sus viñas desde allí, y el valle de Acor por puerta de esperanza; y allí cantará como en los tiempos de su juventud, y como en el día de su subida de la tierra de Egipto. En aquel tiempo, dice Jehová, me llamarás Ishi, y nunca más me llamarás Baali."*
>
> *(Reina-Valera, 1960, Oseas 2:14-16)*

> *"Hermanos míos, tened por sumo gozo cuando os halléis en diversas pruebas, sabiendo que la prueba de vuestra fe produce paciencia. Mas tenga la paciencia su obra completa, para que seáis perfectos y cabales, sin que os falte cosa alguna."*
>
> *(Reina-Valera, 1960, Santiago 1:2-4)*

¿Pasar un desierto? El Señor nos dice que entrar en el desierto implica dejarnos guiar por el Espíritu, entre otras cosas, porque eso hace que nos alejemos de todos los esquemas en los que hemos estado anclados de manera equivocada. Esa es una gran verdad y nos lleva al camino de la victoria y libertad para lograr nuestros sueños y metas.

Estar en el desierto, según la Palabra, es uno de esos lugares que manifiesta claramente el vacío existencial y la ausencia de Dios. Él lo permite para que nos levantemos y confiemos en Sus promesas.

"y toda planta del campo antes que fuese en la tierra, y toda hierba del campo antes que naciese; porque Jehová Dios aún no había hecho llover sobre la tierra, ni había hombre para que labrase la tierra,"

(Reina-Valera, 1960, Génesis 2:5)

Los desiertos, lejos de ser tierras baldías, son hábitats ricos biológicamente con una gran variedad de animales y plantas que se han adaptado a las duras condiciones imperantes. Algunos desiertos se encuentran entre las últimas zonas vírgenes del planeta. Un lugar que recibe menos de veinticinco centímetros de lluvia al año se considera un desierto. Los desiertos forman parte de una clase más amplia de regiones denominadas zonas áridas. Estas zonas experimentan un déficit de humedad, lo que significa que, con frecuencia, pueden perder más humedad a través de la evaporación de las que reciben de las precipitaciones anuales (2010–2020: UN Decade for Deserts and the Fight against Desertification, s. f.).

Nuestros desiertos pueden ser literales o metafóricos, pero en la Biblia descubrimos que puede ser los lugares en que Dios, al fin, nos encuentra y nos llama de regreso a la vida correcta con Él.

"Dios nuestro, cuando saliste al frente de tu pueblo, cuando anduviste por el desierto."

(Reina Valera Contemporánea, Salmos 68:7)

Los desiertos también pueden invitarnos a una profunda reflexión sobre las realidades espirituales. Cuando la desnudez de un desierto desviste ante nuestros sentidos espirituales la frondosidad del mundo material, quizás volvamos nuestros corazones a Dios y tratemos de descubrir lo que es verdaderamente importante en nuestras vidas. Si seguimos el Éxodo de Egipto, Moisés condujo al pueblo de Israel mientras vagaban por el desierto. Su situación es ambigua, mientras que protestan y murmuran contra Moisés, reclamaron:

"Mejor nos hubiéramos muerto en la tierra de Egipto a manos del Señor. Allá nos sentábamos junto a las ollas

de carne, y comíamos pan hasta saciarnos. Ustedes nos han sacado a este desierto para matarnos de hambre a todos nosotros."

(Reina Valera Contemporánea, Éxodo 16:3)

Sin embargo, Dios cuida de ellos y los alimenta de perdices, con maná del Cielo y agua de la roca. Cómo le parece. Demasiado bello y fiel es Dios. Recordemos que Él es un Dios compasivo y misericordioso.

"Entonces el SEÑOR *le dijo a Moisés: «Mira, haré llover alimento del cielo para ustedes. Cada día la gente podrá salir a recoger todo el alimento necesario para ese día. Con esto los pondré a prueba para ver si siguen o no mis instrucciones."*

(NTV, Éxodo 16:4)

En Deuteronomio, se dice que Dios encontró a su pueblo en el desierto: "Le halló en tierra de desierto, Y en yermo de horrible soledad; Lo trajo alrededor, lo instruyó, Lo guardó como a la niña de sus ojos." (Reina Valera Revisada, Deuteronomio 32). Así mismo hace Dios con usted y conmigo, nos rescata de un lugar de tormento y sufrimiento para darnos una vida mejor.

"Él lo encontró en un desierto, en un páramo vacío y ventoso. Lo rodeó y lo cuidó; lo protegió como a sus propios ojos."

(NTV, *Deuteronomio 32:10*)

Los desiertos de nuestras vidas son, sin lugar a dudas, lugares tormentosos de tentación e inseguridad, inconformidad, elecciones equivocadas; en fin, muchas otras. Pero, también, pueden ser ocasión de una profunda renovación espiritual.

"También vieron cómo el SEÑOR *su Dios los cuidó todo el tiempo que anduvieron por el desierto, igual que un padre cuida de sus hijos; y ahora los trajo hasta este lugar".*

(NTV, *Deuteronomio 1:31*)

En el desierto de la vida también es posible experimentar la cercanía y el amor paterno de Dios que camina junto a nosotros. Precisamente, cuando se ve inmerso en el desierto de la soledad, del dolor y cuando descubre vivamente su impotencia y su debilidad, siente que Dios lo lleva "como un padre a su hijo", con amor de verdad. Hermoso.

"a otro más, el don de hacer milagros; a otro, el don de profecía; a otro, el don de discernir los espíritus; a otro, el don de diversos géneros de lenguas; y a otro, el don de interpretar lenguas;"

(*Reina Valera Contemporánea, 1 Corintios 12:10*)

El Desierto es un lugar de prueba. ¿Qué prueba el Señor de nosotros? La actitud del corazón, la honestidad, nuestra fidelidad, humildad, fe, amor y confianza en Él.

"Aunque afligido yo y necesitado, Jehová pensará en mí. Mi ayuda y mi libertador eres tú; Dios mío, no te tardes."

(Reina-Valera, 1960, Salmos 40:17)

¡No Temas! ¡El Señor abre camino donde lo hay!

Jehová es el único Redentor

"Ahora, así dice Jehová, Creador tuyo, oh Jacob, y Formador tuyo, oh Israel: No temas, porque yo te he rescatado; te he llamado por tu nombre, mío eres tú. Cuando pases por las aguas, yo estaré contigo; y si por los ríos, no te anegarán. Cuando pases por el fuego, no te quemarás, ni la llama arderá en ti. Porque yo Jehová, Dios tuyo, el Santo de Israel, soy tu Salvador; a Egipto he dado por tu rescate, a Etiopía y a Seba por ti. Porque a mis ojos eres de gran estima, eres honorable, y yo te amé; daré, pues, hombres por ti, y naciones por tu vida. No temas, porque yo estoy contigo; del oriente traeré tu descendencia, y del occidente te recogeré. Diré al norte: Da acá; y al sur: No detengas; trae de lejos mis hijos, y mis hijas de los confines de la tierra, todos los llamados de mi nombre; para gloria mía los he creado, los formé y los hice."

(Reina-Valera, 1960, Isaías 43:1-7)

Caminar con sus sueños y metas hacia el destino que quiere lleno de éxitos

Confrontar de manera efectiva puede mejorar nuestras habilidades para la resolución de problemas, nuestra motivación y autocontrol. Esto puede traer grandes beneficios a nuestra vida personal y profesional.

Todos hemos tenido o tenemos sueños y vemos cómo a lo largo de nuestra vida unos se van cumpliendo y otros parecen que quedan postergados o los vemos irrealizables.

No crea que sus sueños no se han cumplido, solo han ido redirigidos hacia las prioridades que nosotros hemos ido marcando en nuestra propia vida. Los sueños son un problema de actitud mental, confianza, fe, saber esperar y descansar. Debemos cambiar esta manera de expresarnos, dejar de decir: "¿Lo conseguiré, aprobaré, llegaré, lo tendré en mis manos?", y empezar a decir: "¡Quiero, puedo y lo voy a lograr, ya lo tengo!". Así es de sencillo. Se habla con autoridad y convicción.

No tengas miedo de recorrer el camino, disponemos de muchos medios a nuestro alcance. ¿Qué pasa con los dones y talentos que hemos recibido? ¿Los vamos a hacer rentables? Tenemos dones, cualidades, conocimientos y experiencias que pueden llevarnos hacia nuestros sueños y también los podemos poner al servicio de los demás en ese camino a recorrer. Siempre deberás plantearte: ¿Qué has hecho, qué haces y qué piensas hacer? (González, s. f.). Esto es muy importante.

> *"Porque el reino de los cielos es como un hombre que yéndose lejos, llamó a sus siervos y les entregó sus bienes. A uno dio cinco talentos, y a otro dos, y a otro uno, a cada uno conforme a su capacidad; y luego se fue lejos. Y el que había recibido cinco talentos fue y negoció con ellos, y ganó otros cinco talentos. Asimismo el que había recibido dos, ganó también otros dos."*
>
> *(Reina-Valera, 1960, Mateo 25:14-17)*

¿Hasta dónde piensa subir? ¿Sabe que ningún pájaro ha nacido para quedarse en su nido? ¡Inconfórmese con lo que es y desee lo que será! ¡Haga que su música suene! ¿Va a recibir o va a dar? Esto es muy cierto. No se detengas.

Recorrer cualquier camino supone dar un paso tras otro, y tropezar. No tengamos miedo de sobresalir, ni impedir que nuestras ramas sean las más altas, nuestras flores las más hermosas y nuestros frutos abundantes. Hemos nacido para crecer y llegar lo más alto posible; para crear, para producir y no para quedarnos acomodados viendo cómo se mueve el mundo y no poniendo nuestra semilla en él. Tenemos la obligación de prosperar y dar lo mejor de nosotros. Sí podemos, aunque pensemos que se ve lejos, lo alcanzaremos.

No hace falta tener, hace falta querer y crear. Solamente si la semilla se esparce, la cosecha será más grande. Si quieres abundancia para ti, crea abundancia para los demás. No te conformes con poco. El conformismo no vale cuando se tienen multitud de capacidades para conseguir lo que pretendemos.

El enemigo de la vida no es la muerte, sino el desaprovechamiento de los momentos importantes y las oportunidades que nos regala Dios.

Necesitamos de la fuerza espiritual, esa que llevas por dentro, y de los demás, para alcanzar nuestras metas, y más aún si son grandes. Dice un proverbio africano: "si quieres ir rápido camina solo. Si quieres llegar lejos, ve con otros". La calidad de nuestra vida es la calidad de nuestras relaciones. Su sueño se hará realidad dependiendo de las personas con las que te encuentres en el camino. ¿Suman o restan? ¿Transmiten o te transmiten? Hay que rodearse de gente que te haga sentir grande y, sobre todo, hay que hacer grandes a los que te encuentres en el camino, porque eso es más enriquecedor. Los sueños son imposibles de conseguir sin ilusión. Está en nuestras manos ilusionar para conseguir los sueños.

Un líder es el que enamora a las personas para conseguir sus metas. Debemos descubrir las fuentes de alegría y poner alegría allá por donde pasemos.

¿Cómo queremos ver a nuestra pareja, familia, amigos, trabajo, etc.? Tenemos que cuidar los tesoros. Debemos tener una actitud de triunfador, cada entrenamiento es una superación personal. No solo desee, haga que suceda.

No se levante por la mañana esperando que sea un buen día, levántese sabiendo que depende de usted hacer que sea un buen día. Recordemos que la actitud de un vencedor es muy importante y la llave para triunfar. De nosotros depende influir para que sea un buen día para los demás que se crucen en nuestro camino.

Nadie llega a nuestras vidas por casualidad, sino por causalidad; es decir, que es un efecto de una causa. Todas las personas que nos rodean, que interactúan con nosotros, están allí por algo, para hacernos aprender y avanzar en cada situación.

Nada, absolutamente nada de lo que nos sucede en nuestras vidas, podría haber sido de otra manera. Ni siquiera el detalle más insignificante. Todas y cada una de las situaciones que nos suceden en nuestras vidas son perfectas. Todo comienza en el momento indicado; ni antes, ni después. Cuando algo termina, termina. Simplemente es así. Si algo terminó en nuestras vidas, es para nuestra evolución, por lo tanto, es mejor dejarlo ir, seguir adelante y avanzar ya enriquecidos con esa experiencia.

Ningún copo de nieve cae alguna vez en el lugar equivocado. En ese camino, tenemos que parar y disfrutar de las maravillas que nos rodean e intentar poner soluciones en las tristezas con las que nos crucemos, poniendo la alegría que esté en nuestras manos. Nunca desista de su sueño. Solo trate de ver las señales que lo lleven a él. Así como la vida le dio la posibilidad de soñar, también le dio la libertad de convertir sus sueños en realidad. Abra sus manos y recíbalo.

Sueñe todo el tiempo. ¡Es gratis!

El seguir sus sueños le permitirá estar en contacto directo con su ser y, de esta manera, estará expresándola al máximo, siendo usted mismo en todo aspecto, expandiendo su creatividad y compartiéndola con los demás. Es una gran verdad. Entonces, sigamos soñando.

Ahora, solo queda encontrar eso que le gusta, le encanta, le emociona y le hace saltar sobre él sin paracaídas y lleno de expectativas. Yo siempre hago una lista de lo que deseo y me ha funcionado. Usted también debe hacerla, no se pares, se sorprenderá el resultado. Los propósitos, sueños y metas, hay que escribirlos. Son suyos, abrácelos.

Haydee

Trabajemos para alcanzar la perfección, como quiere el Señor

Muchas veces nos hacemos esta pregunta: ¿Cómo alcanzamos la perfección según la palabra? La perfección se logra solamente tomando como base los principios establecidos por el Señor, como la buena disciplina, organización, aprender muchas cosas nuevas cada día, seguir el camino que nos hemos trazado para llegar a la meta y lograr nuestros sueños, entre otros.

Ser perfecto significa triunfar, quitar todo lo que no es de edificación para nuestra vida, es un mandato de Dios. Él es justo, sabio, y benévolo. Jamás requeriría a Sus hijos cosa alguna que no fuera para beneficio, o que no se pudieran lograr. Por tanto, la perfección es una meta realizable. Imitarlo a Él siempre es posible. Sí se puede.

"Sed, pues, vosotros perfectos, como vuestro Padre que está en los cielos es perfecto."

(Reina-Valera, 1960, Mateo 5:48)

Abramos las puertas de nuestro corazón a las oportunidades y vayamos al camino que tiene como horizonte las bendiciones. Ese camino no necesita de muchas cosas, solo que el único equipaje sea un corazón libre y dispuesto a creer y seguir Su propósito e ir en pos de ese sueño anhelado.

No dejemos, entonces, pasar un solo día sin aprender siempre cosas nuevas del gran libro de lecciones que es la vida de todos, sin seguir el camino hacia la vida perfecta y con dirección. En el caso del joven rico, lo que le hacía falta era superar su amor por las cosas del mundo, su inclinación a confiar en las riquezas. Entonces, Jesús le prescribió el remedio eficaz al decirle:

"El joven le dijo: Todo esto lo he guardado desde mi juventud. ¿Qué más me falta? Jesús le dijo: Si quieres ser perfecto, anda, vende lo que tienes, y dalo a los pobres, y tendrás tesoro en el cielo; y ven y sígueme. Oyendo el joven esta palabra, se fue triste, porque tenía muchas posesiones."

(Reina-Valera, 1960, Mateo 19:20-22)

Cuando ocurrió la espectacular conversión del apóstol Pablo y este quedó físicamente ciego por el resplandor de la luz que le rodeó cuando iba camino a Damasco...

"y cayendo en tierra, oyó una voz que le decía: Saulo, Saulo, ¿por qué me persigues? Él dijo: ¿Quién eres, Señor? Y le dijo: Yo soy Jesús, a quien tú persigues; dura cosa te es dar coces contra el aguijón."

(Reina-Valera, 1960, Hechos 9:4-5)

Y, desde lo más profundo de la humillada alma de Saulo, provino la pregunta que siempre hace el que se da cuenta de que algo le hace falta:

"Él, temblando y temeroso, dijo: Señor, ¿qué quieres que yo haga? Y el Señor le dijo: Levántate y entra en la ciudad, y se te dirá lo que debes hacer."

(Reina-Valera, 1960, Hechos 9:6)

¡Buena pregunta! Eso es así, debemos ser obedientes y sensibles a la voz de Dios. Todo el que desee alcanzar la perfección debe preguntarse en alguna ocasión: "¿Qué más me falta?" si desea comenzar a subir por el camino que lleva a la perfección.

Así fue la conversión con Nicodemos. Cuando Nicodemo fue a Él, el Maestro percibió que este deseaba que le respondiese a la pregunta que muchos otros le habían hecho: "¿Qué debo hacer para ser salvo?". Y el Maestro le respondió:

"Había un hombre de los fariseos que se llamaba Nicodemo, un principal entre los judíos. Este vino a Jesús de noche, y le dijo: Rabí, sabemos que has venido de Dios como maestro; porque nadie puede hacer estas señales que tú haces, si no está Dios con él. Respondió Jesús y le dijo: De cierto, de cierto te digo, que el que no naciere de nuevo, no puede ver el reino de Dios. Nicodemo le dijo: ¿Cómo puede un hombre nacer siendo viejo? ¿Puede

acaso entrar por segunda vez en el vientre de su madre, y nacer? Respondió Jesús: De cierto, de cierto te digo, que el que no naciere de agua y del Espíritu, no puede entrar en el reino de Dios."

(Reina-Valera, 1960, Juan 3:1-5)

Para resumir, quisiera decir: En realidad, nunca sabemos nada de las enseñanzas del Evangelio sino hasta que hemos experimentado las bendiciones que se reciben al vivir cada uno de los principios. Cada uno debe analizar lo que le hace falta y comenzar hoy mismo a vencer las debilidades que tenga.

¿Por qué son las Bienaventuranzas "la constitución de una vida perfecta"?

En Su Sermón del monte, el Maestro nos revela, en cierto modo, Su propio carácter, que fue perfecto y, al hacerlo, nos da un plan detallado de acción para seguir en nuestras propias vidas:

"Bienaventurados los que lloran, porque ellos recibirán consolación."

(Reina-Valera, 1960, Mateo 5:4)

"Bienaventurados los de limpio corazón, porque ellos verán a Dios."

(Reina-Valera, 1960, Mateo 5:8)

Ser pobre en espíritu es sentirse espiritualmente necesitado, siempre dependiente del Señor para recibir la ropa, los alimentos y el aire que se respira, así como la salud y la vida. Equivale a darse cuenta de que no debe pasar ni un solo día sin ofrecer fervientes oraciones de acción, de gracias, de petición, orientación, perdón y fortalezas suficientes para cada día. Es verdaderamente triste que una persona, por motivo de sus riquezas, de sus conocimientos, de su posición social o económica en el mundo, por su prepotencia u orgullo, se considere independiente de esa necesidad espiritual. "Ser pobre en espíritu" es lo contrario de ser orgulloso, engreído, etc. Si en su humildad llegaran a darse cuenta de su necesidad espiritual, se prepararían para ser adoptados y elegidos por Dios por ser de limpio corazón.

Las bienaventuranzas

*"Bienaventurados los pobres en espíritu,
pues de ellos es el reino de los cielos.*

*Bienaventurados los que lloran,
pues ellos serán consolados.*

*Bienaventurados los humildes,
pues ellos heredarán la tierra.*

*Bienaventurados los que tienen hambre
y sed de justicia, pues ellos serán saciados.*

*Bienaventurados los misericordiosos,
pues ellos recibirán misericordia.*

*Bienaventurados los de limpio corazón,
pues ellos verán a Dios.*

*Bienaventurados los que procuran la paz,
pues ellos serán llamados hijos de Dios.*

Bienaventurados aquellos que han sido perseguidos por causa de la justicia, pues de ellos es el reino de los cielos.

Bienaventurados serán cuando los insulten y persigan, y digan todo género de mal contra ustedes falsamente, por causa de Mí. Regocíjense y alégrense, porque la recompensa de ustedes en los cielos es grande, porque así persiguieron a los profetas que fueron antes que ustedes."

(Nueva Biblia de las Américas, Mateo 5:3-12)

¿Es bíblico declarar y decretar? Declarar y decretar palabras bíblicas

Muchos escudriñamos o leemos la Biblia y siempre nos preguntamos ¿Es bíblico esto o no es bíblico? ¿Le agrada a Dios lo que estoy haciendo o no? Es así como surgen muchas interrogantes cuando leemos la palabra de Dios, por lo que en este capítulo vamos a hablar sobre si es bíblico que nosotros declaremos o decretemos bendiciones en su vida y la mía.

Un Decreto es una confesión de Fe y debemos saturarla de la presencia de Dios, es muy importante. Somos reyes y sacerdotes. Un rey es el que decreta, muy importante. Si no tenemos intimidad con Dios, nada pasa, sabemos que debemos tener autoridad y revelación de que somos sus hijos. Por lo tanto, no tenemos que mendigar nada. Somos hijos, no bastardos. Jesús Decretaba y todo se hacía porque Él tenía intimidad con su Padre, creía y declaraba hasta que se rompiera.

"No os hagáis, pues, semejantes a ellos; porque vuestro Padre sabe de qué cosas tenéis necesidad, antes que vosotros le pidáis."

(Reina-Valera, 1960, Mateo 6:8)

> *"y nos hizo reyes y sacerdotes para Dios, su Padre; a él sea gloria e imperio por los siglos de los siglos. Amén".*

(Reina-Valera, 1960, Apocalipsis 1:6)

Es así que tenemos que confesar con nuestros labios lo que queremos y las bendiciones del Señor nos arropan. "Yo declaro", "Yo decreto". Yo considero que he sido una guerrera, pero debemos creer que Dios tiene el control de nuestras necesidades, nosotros tenemos que dar pasos de FE agigantados y creer que ya todo está hecho, realizado y entremos en reposo. Solo es cuestión de actitud, abramos nuestros brazos para recibir las bendiciones. Entonces, está bien Declarar y Decretar, ya que estas son afirmaciones de poder. Creer en Él y en nosotros también es muy importante.

> *"Has declarado solemnemente hoy que Jehová es tu Dios, y que andarás en sus caminos, y guardarás sus estatutos, sus mandamientos y sus decretos, y que escucharás su voz."*

(Reina-Valera, 1960, Deuteronomio 26:17)

Declare palabras de vida para usted y para los demás, es muy importante. Declaremos para bendición y triunfo.

> *"Esto habla, y exhorta y reprende con toda autoridad. Nadie te menosprecie."*
>
> *(Reina-Valera, 1960, Tito 2:15)*

Dios nos enseña que sí es importante declarar y decretar, sí es bíblico. Hay que decir y hacer las cosas con la que el Señor nos ha enseñado y, sobre todo, hacerlas con mucha fe. Ahora, es David que nos dice que declarar es bíblico. Dice:

> *"Mi pecado te declararé, y no encubrí mi iniquidad. Dije: confesare mis transgresiones a Jehová; Y tu perdonantes la maldad de mi pecado. Selah"*
>
> *(Reina-Valera, 1960, Salmos 32:5)*

Es muy importante confesar con la boca y, cuando digo confesar, esto es igual a declarar; si buscas los sinónimos de la palabra "confesar" nos encontramos que es lo mismo. Así que, sigue con fe hacia la victoria total y empieza a Confesar, Declarar y Decretar. Palabras muy poderosas de afirmaciones, esto quiere decir ser positivo, créalo. Sí se puede. Atrévase y reciba sus sueños.

¡Sí podemos y creerlo! Atrévase

Confesemos, Declaremos y Decretemos todo el tiempo, son palabras muy poderosas de afirmación y fe. Recordemos que la boca tiene poder. Así que no paremos de hacer afirmaciones sobre nuestras bendiciones.

¡Mente positiva todo el tiempo!

Haydee

"Del fruto de la boca del hombre se llenará su vientre; se saciará del producto de sus labios. La muerte y la vida están en poder de la lengua, y el que la ama comerá de sus frutos."

(Reina-Valera, 1960, Proverbios 18:20-21)

*Mira cuál amor nos ha dado
el Padre, para que seamos
llamados hijos de Dios*

"Mirad cuál amor nos ha dado el Padre, para que seamos llamados hijos de Dios; por esto el mundo no nos conoce, porque no le conoció a él. Amados, ahora somos hijos de Dios, y aún no se ha manifestado lo que hemos de ser; pero sabemos que cuando él se manifieste, seremos semejantes a él, porque le veremos tal como él es. Y todo aquel que tiene esta esperanza en él, se purifica a sí mismo, así como él es puro."

(Reina-Valera, 1960, 1 Juan 3:1-3)

Que haría usted si su hijo se le extravía, o cae en las profundidades de un pozo. ¡Ah, el amor de un padre o una madre! Los llena de fuerza y valentía. ¡No importan los obstáculos, las distancias y profundidades que tendríamos que recorrer para buscar a nuestros hijos! ¡¿Verdad que sí?! Todas esas barreras las quitamos de nuestro camino y nos sentimos poderosos. Nos quedamos cortos, por lo que podemos llagar a hacer. Le aseguro eso porque soy mamá, y sé que haríamos lo que fuese necesario y hasta lo imposible por rescatarlos. Eso mismo hace nuestro Padre Celestial cuando estamos pasando tribulaciones y hasta llegamos a caer en las profundidades por diferentes problemas. Cuando acudimos a Él y nos postramos, Él hace la obra en nosotros para vernos felices.

Cuando el apóstol Juan les escribe a los creyentes de la iglesia primitiva que estaban luchando para encontrar un fundamento para su fe, lanza estas palabras como un chaleco salvavidas:

"Porque todo lo que es nacido de Dios vence al mundo; y esta es la victoria que ha vencido al mundo, nuestra fe."

Reina-Valera, 1960, 1 Juan 5:4

Ya lo he mencionado en párrafos anteriores. Hay cosas que solamente un padre hará por sus hijos, sin importar las barreras. ¿Se da cuenta de que solo un padre haría cualquier cosa por sus hijos sin mirar lo que tenga que pasar o la montaña que tenga que derribar por más grande que esta sea? Así hace Dios con Sus hijos, Él nunca los desampara.

Podemos ver el amor de Dios en las bendiciones que nos da; desde la belleza del mundo, hasta las personas en nuestra vida, Dios constantemente nos está dando regalos grandes y pequeños porque nos ama. Podemos experimentar el amor de Él al inter actuar con la gente. Dios es nuestro Padre amado que, incondicionalmente, nos ama sin nada a cambio. Qué hermoso, así siempre debemos caminar seguros, con fe y valentía.

¡Reflexione, ore, crea y sigua su camino!

Padre, gracias por llegar hasta el pozo de mi necesidad para rescatarme y acercarme a ti. Tu amor es inescrutable todo el tiempo.

¿Cuándo lo rescató Dios de un oscuro pozo de desesperación?

¿Cómo lo llevó a un lugar de esperanza?

Padre, ¡Gracias por no pasarme nunca por alto!

Sé que, en todo momento, Tú estás conmigo. Eres Rey real.

¡Dios de lo invisible! Eres mi realidad.

A veces, siento como si fuera invisible, pero deseo tanto que Dios me utilice. Tengo historias maravillosas. A Dios le encanta usar personas que los demás podrían pasar por alto.

Dios valora más el servicio fiel que la fama y puede utilizarnos poderosamente dondequiera que estemos, aunque nadie nos vea.

Haydee

"Él es la imagen del Dios invisible, el primogénito de toda creación."

(Reina-Valera, 1960, Colosenses 1:15)

No seamos como las olas del mar, agitadas y llevadas de un lado a otro por el viento

Jesús mandó al viento que dejara de soplar y a las olas que se calmaran. El viento dejó de soplar y el mar se calmó. Jesús les preguntó a sus discípulos por qué tenían miedo y les dijo que debían tener más fe. Ellos se preguntaron, ¿Qué clase de hombre podía mandar al viento y las olas que se calmen?

"Pero pida con fe, no dudando nada; porque el que duda es semejante a la onda del mar, que es arrastrada por el viento y echada de una parte a otra."

(Reina-Valera, 1960, Santiago 1:6)

La duda es nuestra enemiga, cuando llega a nuestra mente debemos sacarla. La disciplina es una muestra de amor del Señor para Sus hijos. La duda es una negativa desalentadora y no es amiga de la fe. Nos hace tomar decisiones que hacen la vida difícil, por ejemplo, decimos cosas como estas: "Ojalá pudiera perder peso", "que mis hijos se portaran bien", "me gustaría tener mejores relaciones", "un trabajo digno de mí"… en fin, entre muchas cosas más.

Estoy segura de que, si cambiáramos la duda por afirmaciones de lo que nos gustaría hacer, así, de esta manera: "haré ejercicios", "estoy segura de que perderé peso", "tendré un mejor trabajo", cambiarían nuestros resultados. Recordemos que la organización y disciplina nos hace caminar mejor y en orden. Es así, van tomadas de la mano, siempre.

Otra manera en que nos enfrentamos con la duda y la incredulidad es cuando pensamos que Dios no nos ayudará porque no hemos hecho todo bien. O mejor aún, creer que Dios está dispuesto ayudar a otras personas, pero a mí no. Error total.

El Señor trabaja en nuestras vidas a través de la fe. Dios quiere que confiemos en Él, creamos, tengamos fe, una actitud positiva y esperanzadora. Cada día debemos decir: "Hoy algo bueno me va a suceder", "¡estoy esperando a ver lo que Dios va a hacer en mi vida hoy!" Eso es correcto, lo debemos poner en práctica a cada instante y creerlo.

La llave aquí de todas estas afirmaciones es: La palabra de Dios, por eso debemos buscarla como comida, cuando estamos con hambre. Nunca se dé por vencido. Le aseguro que derribará esa muralla de duda e incredulidad para siempre. Atrévase a vencer y siga hacia el frente de la victoria.

La voluntad de Dios es que sus hijos caminemos confiados de que Él nos sostendrá. Algo muy importante que siempre digo y lo aplico, es que Dios hace Su parte y nosotros la nuestra. El Señor tiene todo el poder para ayudarnos a salir de toda situación, por más grande que sea, solo debemos tener fe y creerlo. Eso es correcto.

Saber que Dios nos ama, disipa toda duda

La duda es el mecanismo que se utiliza para excluir y encontrar un principio evidente, deshaciéndose de todas las verdades y opiniones tenidas por ciertas. Seamos positivos todo el tiempo.

Esta es la base que permite construir nuestro pensamiento crítico. Dudar es nuestra manera de estar en el mundo. No se puede dudar sin ser una persona reflexiva, tolerante, abierta, con un ego controlado. Debemos ser nosotros mismos y tener una actitud de ganador.

Haydee

"Respondiendo Jesús, les dijo: De cierto os digo, que si tuviereis fe, y no dudareis, no solo haréis esto de la higuera, sino que si a este monte dijereis: Quítate y

*échate en el mar, será hecho. Y todo lo que pidiereis
en oración, creyendo, lo recibiréis."*

(Reina-Valera, 1960, Mateo 21:21-22)

No rendirse nunca y seguir confiando en que Dios hará siempre lo mejor

Padre Celestial, gracias por hacer todo en mí y lo que nunca podría hacer solo o sola, porque no necesito ganarme tu amor, ya que lo heredé antes de nacer.

¿Cómo puede dejar de intentar agradar a Dios a su manera? ¿En qué área necesita aferrarse a Dios hoy, confiando en su justicia?

Todos tenemos diferentes luchas que libramos diariamente, mi lucha tal vez no sea la suya, ni la suya sea la de otro, quizás no se parezca o no tenga desde su perspectiva la misma importancia que para mí tiene. Al igual que su lucha, para muchos de nosotros, puede parecer fácil, pero para usted, a lo mejor, es muy difícil de sobrellevar y no se da por vencido. ¡Esto es muy bueno para todos!

Realmente, a veces sentimos que lo más fácil es dejar todo, renunciar a nuestro esfuerzo y dejarnos hundir, pero, aun cuando eso sea lo que parezca más fácil, nosotros no somos de los que nos rendimos ni retrocedemos, solo queremos seguir y lograr la victoria y bendición.

"Pero nosotros no somos de los que retroceden para perdición, sino de los que tienen fe para preservación del alma."

(Reina-Valera, 1960, Hebreos 10:39)

Me gusta mucho la frase de este versículo que dice, y es que se necesita fe para poder seguir adelante en la vida y lograr nuestras metas. Hay que tener fe de la grande, confianza en Dios y en nosotros también.

Quizá estos días sus luchas se han acrecentado y ha experimentado un sentimiento de impotencia ante su realidad y ha pensado, incluso, en rendirte, en tirar la toalla, dejar todo, en ya no seguir más en su lucha; sin embargo, hoy quiero recordarle que tiene a Dios de su lado y si Él va con usted, le abraza y no tiene por qué rendirse, puesto que Él le ha ayudado, le está ayudando y le seguirá bendiciendo en todo momento para no rendirse y levantarse.

A pesar de que hoy tenga sentimientos encontrados que le quieran hacer pensar que no podrá, la realidad es que sí se puede, porque Dios está de su lado en todo tiempo y lugar.

"Mas Jehová está conmigo como poderoso gigante; por tanto, los que me persiguen tropezarán, y no prevalecerán; serán avergonzados en gran manera, porque no

prosperarán; tendrán perpetua confusión que jamás será olvidada."

(Reina-Valera, 1960, Jeremías 20:11)

Es el momento de activar la fe que está dentro de todos nosotros y confiar plenamente en lo que Dios hará y no fijarnos en las circunstancias que estemos viendo o pasando en este momento, ni mucho menos en lo mal que nos podamos sentir, sino ver más allá de eso, confiar en que las cosas van a mejorar porque el Señor está de nuestro lado en todo tiempo, quien ha prometido no dejarnos solos o solas nunca.

Hoy quiero invitarte a sacar fuerzas de donde pareciera que ya tiene. Es tiempo, ahora mismo, de volver su mirada al cielo, recordar que en otros tiempos también se sintió mal y siempre hubo una respuesta divina que calmó su angustia, dolor, desanimo, fe, etc. Hoy no será la excepción.

Dios quiere ver en usted la fe que tiene para creer que Él mejorará su panorama y que pintará un mejor cuadro en su vida. Él quiere que les muestre a sus dificultades el tamaño de su fe, porque Dios se mostrará a usted, a través de una hermosa respuesta, el tamaño de Su poder y amor por usted.

¡No pierda la fe, deposite su confianza en el Señor, en usted mismo y no se rindas! ¡Siga siendo un guerrero! Sin desmayar.

Debemos ser perseverantes y nunca rendirnos. Esta es la llave al éxito

Nadie puede decidir lo que usted debe ser o hacer. Dios tiene un diseño para cada persona, por eso somos únicos. Conocer a Dios lo lleva a ser la persona que debe ser: auténtica, sencilla, fuerte, valiente, retadora, perseverante, visionaria. Hay que confiar en Dios y en nosotros mismos, no permitamos que el mundo exterior cambie nuestro rumbo ya trazado. Seamos libres y sigamos hacia la victoria sin desmayar.
Sí se puede. ¡No se rinda!

Haydee

Nunca se dé por vencido, camine con Fe tomado de la mano del Señor

El amor nunca se da por vencido y jamás pierde la fe, siempre tiene esperanzas y se mantiene firme en toda circunstancia, no importa del tamaño del problema.

> *"Todo lo sufre, todo lo cree, todo lo espera, todo lo soporta."*

(Reina-Valera, 1960, 1 Corintios 13:7)

Hay momentos en los que callar es mejor que hablar, pero reír siempre será mejor que llorar. Jamás le demos cabida a que los problemas nos destruyan; pase lo que pase, siempre caminemos con una alabanza en nuestra boca, Dios nos da un cántico nuevo. Nunca nos demos por vencidos, veamos lo que veamos, oigamos lo que oigamos, mantengamos la fe puesta siempre en el único que abre y cierra puertas, en el único que siempre se quedará con nosotros cuando todos nos dejen y den la espalda; que nuestra mirada esté puesta en Dios sin importar cuán grande y fuerte sea la tormenta y los vientos que soplen y nos estén azotando. Aunque sean contrarios, seguiremos creyendo que Él está con nosotros siempre.

"Humíllense, pues, bajo la poderosa mano de Dios, para que él los exalte a su debido tiempo; echando toda vuestra ansiedad sobre él, porque él tiene cuidado de vosotros"

(Reina-Valera, 1960, 1 Pedro 5:6-7)

Cuando intenta hacer todo por su cuenta y con sus propias fuerzas, da cabida a que el orgullo y la ansiedad se apoderen de usted. Es importante que reconozcamos con humildad la necesidad y dependencia de Dios, que aprendamos a dejar las ansiedades en Sus brazos amorosos y esperar a que intervenga en nuestras vidas y en nuestras circunstancias. ¡Él es fiel, obrará y peleará por nosotros todo el tiempo!

Dios está siempre atento a lo que le sucede, él cuida de usted con paciencia y con amor. ¡Él lo ama tanto! Por eso, si se siente preocupado o desanimado, confíe en Dios, Él lo ayudará. Recuerde cuán grande es el amor que el Señor siente por usted y por mí. ¡Hasta estuvo dispuesto a dar a su Hijo en la cruz! Su amor es eterno, no ha terminado ni terminará. ¡Deléitese en su gran amor! No se inquietes.

"Jehová se manifestó a mí hace ya mucho tiempo, diciendo: Con amor eterno te he amado; por tanto, te prolongué mi misericordia."

(Reina-Valera, 1960, Jeremías 31:3)

En todas las situaciones, el Señor está usted. Él tiene la solución perfecta y le mostrará lo que es mejor. Descanse en él, entréguele lo que le angustia y ponga su esperanza en él.

"¿Por qué te abates, oh alma mía, Y por qué te turbas dentro de mí? Espera en Dios; porque aún he de alabarle, Salvación mía y Dios mío."

(Reina-Valera, 1960, Salmos 42:11)

"Los que sembraron con lágrimas, con regocijo segarán. Irá andando y llorando el que lleva la preciosa semilla; Mas volverá a venir con regocijo, trayendo sus gavillas."

(Reina-Valera, 1960, Salmos 126:5-6)

Sigue adelante con el trabajo que Él te ha encomendado. No te dejes desanimar por la aparente falta de fruto. ¡Pronto verás la cosecha! ¡Persevera! Dios te ha dejado su paz, atesórala.

"Mas el Consolador, el Espíritu Santo, a quien el Padre enviará en mi nombre, él os enseñará todas las cosas, y os recordará todo lo que yo os he dicho. La paz os dejo, mi paz os doy; yo no os la doy como el mundo la da. No se turbe vuestro corazón, ni tenga miedo."

(Reina-Valera, 1960, Juan 14:26-27)

Nunca se des por vencido. ¡No se rinda! Persevere hasta el final

No permita que realidades y personas adversas lo limiten, el secreto es no detenerse, sino fijar su corazón en Dios y avanzar por todo aquello que Él le prometió. ¡Créalo! Porque la fe lo ayudará a superar la prueba de una forma totalmente diferente y con firmeza. Mire siempre hacia adelante y visualice todo lo que sueña, no lo dude. Solo créalo.

Haydee

"Después de estas cosas vino la palabra de Jehová a Abram en visión, diciendo: No temas, Abram; yo soy tu escudo, y tu galardón será sobremanera grande."

(Reina-Valera, 1960, Génesis 15:1)

Por cuál camino vamos realmente y hacia qué dirección nos dirigimos

¿Sabe con certeza hacia dónde se dirige en su vida y a dónde quiere llegar?

Su vida solo mejorará cuando decida tomar mejores decisiones. Las cosas no toman rumbo por sí solas. Las mejoras y los cambios positivos ocurrirán solo cuando decidas pensar y actuar diferente. Usted nació, pero no fue su decisión, y tampoco sabe cuándo morirá. Sin embargo, lo que haga mientras tanto es lo que importa. Por eso es importante revisar si sabemos a dónde vamos, cuáles son nuestros planes-metas- propósitos, etc. Así nos preparamos para el viaje hacia el éxito.

¿Hacia dónde va? ¿Sabe qué dirección lleva? ¡Nadie camina por la vida sin haber pisado en falso muchas veces! Muy cierto. Debemos tener una visión clara de hacia dónde vamos y también un plan de cómo llegar a nuestra meta.

Siempre me he preguntado, cuando voy en el avión, ¿cómo hacen? Y es que los pilotos saben muy bien hacia dónde deben llevar el avión y tienen un plan de vuelo que van revisando constantemente durante el viaje, ya que es muy fácil desviarse un grado y, sin darse cuenta, llegar a un lugar totalmente distinto del destino original del viaje. La evidencia de un plan bien pensado y puesto por escrito para cada una de sus metas y sueños, indica que participa seriamente en su propia vida y que está determinado a lograr una diferencia entre esas dos elecciones sobre las cuales no tiene control. Con un plan bien documentado, se distinguirá de las masas que esperan, desean, e incluso oran por más gozo, pasión y éxito, pero no tratan de hacer algo por lograrlo. Debemos identificar las metas que son importantes para nosotros y caminar en pos de ellas.

Una vida extraordinaria es el resultado de la acumulación de miles de esfuerzos, desapercibidos para otros, que llevan al logro de metas importantes. A pesar de su situación financiera personal, recuerde que está bendecido con la posibilidad de elegir y que sus elecciones muestran la clase de persona que realmente es y el potencial que tiene. Somos responsables por las decisiones que hemos tomado, buenas o malas, y por el lugar en el que te encuentras ahora mismo.

El mañana se cambia hoy, definitivamente. Debe tomar las decisiones que cambiarán el rumbo de su vida, hacia dónde quiere ir. Diseñe un plan, tome acción para que todo funcione con excelencia. ¿Sabe? Algo que he aprendido es que el tiempo es el recurso más valioso de la vida. No debemos conformarnos, ya que el lugar más peligroso es el conformismo, de esa manera, no avanzamos. El tiempo es el recurso más importante para seguir hacia la meta. Sigamos trabajando hasta lograr el propósito.

Desarrolle su visión, proyectos, metas y propósitos. No hay límite

Comience su viaje con el destino final en mente. ¿En quién quiere convertirse? Puede que tenga una idea vaga, pero es importante definirlo y ponerlo en papel. Esto le hará pensar en lo que realmente necesita para llegar allí.

Haydee

"No os conforméis a este siglo, sino transformaos por medio de la renovación de vuestro entendimiento, para que comprobéis cuál sea la buena voluntad de Dios, agradable y perfecta."

(Reina-Valera, 1960, Romanos 12:2)

"Porque yo sé los pensamientos que tengo acerca de vosotros, dice Jehová, pensamientos de paz, y no de mal, para daros el fin que esperáis."

(Reina-Valera, 1960, Jeremías 29:11)

¿Permanecer en el camino de Dios y no tomar el equivocado? Él siempre tiene el mejor

"Me mostrarás la senda de la vida; En tu presencia hay plenitud de gozo; Delicias a tu diestra para siempre."

(Reina-Valera, 1960, Salmos 16:11)

"Mas él conoce mi camino; Me probará, y saldré como oro."

(Reina-Valera, 1960, Job 23:10)

A veces no estamos seguros a qué lugar nos llevará un camino por donde vamos o en qué dirección estamos dirigiéndonos. En otras ocasiones, somos plenamente conscientes de hacia dónde nos lleva un camino y de todas formas decidimos seguirlo. Recordemos y estemos conscientes de que hay un camino que lleva a la vida, pero también hay un camino que nos conduce a la destrucción. Las señales de advertencia no se ponen como una amenaza, sino por la seguridad de las personas. Muy cierto, ¿verdad que sí? El Señor nos tiene destinados a mantenernos en el camino que conduce a la vida, que es el mejor. No hay que desviarse.

> *"Entrad por la puerta estrecha; porque ancha es la puerta, y espacioso el camino que lleva a la perdición, y muchos son los que entran por ella; porque estrecha es la puerta, y angosto el camino que lleva a la vida, y pocos son los que la hallan".*
>
> (Reina-Valera, 1960, Mateo 7:13-14)

¿Cómo se asegura de estar en el camino correcto? Y una vez que está en aquel camino, ¿cómo se quedas en él? Los Redimidos del Señor están para contarlo, háblele y cuéntele a los demás cómo el Señor lo rescató y lo sacó del hueco, o el lodo, como yo lo llamo. Demos las gracias todo el tiempo. Señor, te doy gracias por todas las veces que en mi vida he clamado a ti en mis problemas y me has sacado de mi angustia. Dirígeme, Señor, te lo ruego, por un camino recto. Así, clamemos a Él: Señor, ayúdame a actuar siempre con amor y preocuparme de aquellos por quienes ministro. Oro para que nunca busque mi propio beneficio personal y que el amor sea mi única motivación. Guárdame, Señor, en Tus caminos.

A veces, hacemos nuestros propios planes de forma independiente o acudimos directo a otras personas para pedir ayuda sin preguntarle primero a Dios. ¡Error total! Hace algún tiempo leí esto, "Cuando estemos pasando situaciones difíciles, acudamos primero a Él ante el Trono de la Gracia". Eso es lo correcto.

> *"Acerquémonos, pues, confiadamente al trono de la gracia, para alcanzar misericordia y hallar gracia para el oportuno socorro."*
>
> *(Reina-Valera, 1960, Hebreos 4:16)*

El profeta Isaías critica al pueblo de Dios por la forma en que hicieron sus planes, ya que no consultaron a Dios. Como resultado, se fueron en la dirección equivocada. Habían ido a Egipto sin ni siquiera preguntarle a Dios.

> *"Porque así dijo Jehová el Señor, el Santo de Israel: En descanso y en reposo seréis salvos; en quietud y en confianza será vuestra fortaleza. Y no quisisteis, sino que dijisteis: No, antes huiremos en caballos; por tanto, vosotros huiréis. Sobre corceles veloces cabalgaremos; por tanto, serán veloces vuestros perseguidores. Un millar huirá a la amenaza de uno; a la amenaza de cinco huiréis vosotros todos, hasta que quedéis como mástil en la cumbre de un monte, y como bandera sobre una colina."*
>
> *(Reina-Valera, 1960, Isaías 30:15-17)*

El problema es que, en realidad, no querían conocer los planes de Dios. Su adoración era una mera formalidad, dice:

> *"Este pueblo de labios me honran; Mas su corazón está lejos de mí. Pues en vano me honran, Enseñando como doctrinas, mandamientos de hombres".*
>
> *(Reina-Valera, 1960, Mateo 15:8-9)*

Esto, lamentablemente, pasa también con nosotros, aun sabiendo que esto no le agrada al Señor. Permanecer en el camino de Dios no es nada fácil, porque siempre vamos a tener luchas y tropiezos. Esa es la gran realidad de la vida en esta tierra, pero sí podemos tratar de hacer todo de manera que estemos en paz con Dios y nosotros mismos. Usted me dirá, "eso no se puede", pero claro que sí se puede. Hay una cosa muy importante y es que: el Señor ve y sabe todo, siempre está presente.

Recordemos que Él es Omnisciente y Omnipresente y, en fin, a Él nada se le puede escapar, ya que antes de que nosotros le digamos o clamemos algo, ya Él sabe lo que nos dará y lo que más nos conviene de acuerdo a Su perfecta voluntad. Así, esperemos pacientemente y sigamos perseverando todo el tiempo. No podemos cansarnos. Sí se puede.

> *"¿A dónde me iré de tu Espíritu? ¿Y a dónde huiré de tu presencia? Si subiere a los cielos, allí estás tú; Y si en el Seol hiciere mi estrado, he aquí, allí tú estás. Si tomare*

las alas del alba. Y habitaré en el extremo del mar, Aun allí me guiará tu mano, Y me asirá tu diestra".

(Reina-Valera 1960. Salmos 139:7-10)

"¿Se ocultará alguno, dice Jehová, en escondrijos que yo no lo vea? ¿No lleno yo, dice Jehová, el cielo y la tierra?"

(Reina-Valera, 1960, Jeremías 23:24)

Señor, quiero conocer tus planes. Ayúdame a escuchar Tu voz. Guíame para venir a Ti en arrepentimiento y calma, para caminar en Tus senderos en serenidad y confianza.

¿Quién dijo que el camino sería fácil?

El camino de cada uno de nosotros es diferente, pero no olvidemos que vamos caminando en compañía del Señor y el Espíritu Santo, que te acompañan. Si el camino es difícil, tan solo disfrútelo. Suele suceder que, cuando nos encontramos en dificultad, dudamos sobre si estamos en el camino correcto, pero si el camino fuera fácil, ¿cómo podríamos aprender a confiar? ¿Cómo sabe que Dios es su sanador si no pasa por una enfermedad? Lo que Él quiere es que aprendamos a confiar en Él. Lo que le prometió está al final de ese mismo camino y debe ser de bendición para muchos, resista un poco más y lo alcanzará. No se desanime.

Haydee

¿Qué es la levadura en la Biblia? ¿Qué significa para nuestra vida espiritual?

Se entiende por levadura una sustancia agria con un alto grado de fermentación, usada, generalmente, para hacer pan, cuando es añadida a la masa. Se necesita tiempo para llevar a cabo el proceso a partir de un trozo de masa agria.

La Biblia menciona que la levadura que produce fermentación, es símbolo de lo que penetra en la masa y corrompe la verdad, la justicia y la vida espiritual. Aquí el apóstol Pablo compara la levadura con el proceso por el cual el pecado y la maldad se propagan lentamente en una persona, luego en multitudes y corrompe a muchos. Se debe expulsar con rigor el pecado. ¡¡¡Hagamos un alto en nuestra vida!!! ¡¡¡Limpiémonos ahora!!! Esto es HOY.

"Y Jesús les dijo: Mirad, guardaos de la levadura de los fariseos y de los saduceos."

(Reina-Valera, 1960, Mateo 16:6)

Así, la levadura no podía figurar en alimentos ofrecidos a Dios, ni en la Pascua, por ser símbolo de influencia moral, buena o mala. Impresionante cómo es para Dios la santidad y limpieza de todo, especialmente el interior, el corazón.

"Ninguna ofrenda que ofreciereis a Jehová será con levadura; porque de ninguna cosa leuda, ni de ninguna miel, se ha de quemar ofrenda para Jehová."

(Reina-Valera, 1960, Levítico 2:11)

Los panes sin levadura simbolizan al pueblo de Dios que, por la sangre del cordero, han sido limpiados de sus pecados o maldades. La levadura no solo representa al pecado, sino también es la maldad oculta detrás de toda acción o enseñanza.

Está compuesta por una serie de diversos hongos microscópicos capaces de efectuar una fermentación o descomposición que, en el caso del pan, aumenta el volumen de la masa y, en algunas ocasiones, la hace más suave. Es de notar que, aunque la levadura aumenta el volumen de la masa, también acelera su proceso de descomposición. Se llama levadura al organismo vivo, generalmente un hongo, que produce enzimas, los cuales provocan cambios bioquímicos importantes en productos orgánicos naturales: la fermentación. Interesante, ¿verdad que sí?

"Un poco de levadura leuda toda la masa".

(Reina-Valera, 1960, Gálatas 5:9)

La levadura se usaba generalmente para hacer pan, sin embargo, los israelitas tenían prohibido darle ese uso durante la Pascua y los siete días de la Fiesta de los Panes sin levadura. Todo el pueblo debía sacar de sus casas cualquier pan con levadura hecho con anterioridad a esos días sagrados:

"No comerás con ella pan con levadura; siete días comerás con ella pan sin levadura, pan de aflicción, porque aprisa saliste de tierra de Egipto; para que todos los días de tu vida te acuerdes del día en que saliste de la tierra de Egipto."

(Reina-Valera, 1960, Deuteronomio 16:3)

Así es. Eso mismo pasa en nosotros, cualquier pecado, maldad, maltrato, odio hacia los demás, orgullo, inmoralidad, la arrogancia, etc., viene siendo igual o peor que la lavadura fermentada. Porque todo eso corroe o fermenta el ALMA. Usted lo cree, ¿cierto que sí?

Pero también se refleja en otros aspectos, aunque un tanto sutiles y por tanto más difíciles de detectar, como lo sería: La intención oculta detrás de las personas y otras cosas más. En resumen, tratemos de no contaminar nuestro corazón y vivamos una vida plena en Dios y nosotros. Esto es lo mejor, limpiemos nuestro corazón y cuidémoslo, es el tesoro de Dios, el suyo y el mío también.

Parábola de la levadura. ¡Cuidar nuestro corazón es muy importante!

No debemos permitir que se corroa nuestra alma y sea fermentada. Si podemos caminar en rectitud, esa es la mayor bendición. De nosotros es la decisión, aunque el Señor nos aplaude y apoya siempre. Sigamos cuidando nuestro corazón, esto es muy importante, no lo olvides.

Haydee

"Y volvió a decir: ¿A qué compararé el reino de Dios? Es semejante a la levadura, que una mujer tomó y escondió en tres medidas de harina, hasta que todo hubo fermentado."

(Reina-Valera, 1960, Lucas 13:20-21)

¿Qué dice el Señor acerca de la perseverancia y no desmayar?

> *"'La gloria postrera de esta casa será mayor que la primera', dice el* Señor *de los ejércitos, 'y en este lugar daré paz', declara el* Señor *de los ejércitos."*
>
> (Nueva Biblia de las Américas, Hageo 2:9)

Hay mucho que decir acerca de la perseverancia en varios contextos diferentes. Claramente, el Señor nos enseña que aquellos que vencen y perseveran en la fe, heredarán la vida eterna, así que sigamos confiando en el Señor y creyendo con fe y en nosotros mismos. Es muy importante creerlo y atesorarlo en nuestro corazón.

> *"El que tiene oído, oiga lo que el Espíritu dice a las iglesias. Al que venciere, le daré a comer del árbol de la vida, el cual está en medio del paraíso de Dios."*
>
> (Reina-Valera, 1960, Apocalipsis 2:7)

Dice la Palabra que tenemos seguridad eterna si perseveramos hasta el final de los días. La doctrina de la perseverancia de los santos se fundamenta en la siguiente promesa, como lo dice en Filipenses:

"estando persuadido de esto, que el que comenzó en vosotros la buena obra, la perfeccionará hasta el día de Jesucristo;"

(Reina-Valera, 1960, Filipenses 1:6)

Más allá del concepto de la perseverancia en lo que se refiere a la salvación, hay exhortaciones para perseverar en la vida de nosotros y el diario vivir. En sus epístolas pastorales a Timoteo, el apóstol Pablo le recuerda al joven pastor lo siguiente:

"Ten cuidado de ti mismo y de la doctrina; persiste en ello, pues haciendo esto, te salvarás a ti mismo y a los que te oyeren"

(Reina-Valera, 1960, 1 Timoteo 4:16)

El carácter de Timoteo era de un hombre piadoso y su doctrina era correcta y bíblica. Pablo le advirtió que la vigilará de cerca y que perseverará en eso, porque esto es una advertencia para todos los hijos de Dios, la perseverancia en la vida piadosa y el creer la verdad, siempre acompañan a la verdadera conversión.

"vida eterna a los que, perseverando en bien hacer, buscan gloria y honra e inmortalidad,"

(Reina-Valera, 1960, Romanos 2:7)

El sentido aquí es que las personas que perseveran en la piedad y en las disciplinas espirituales, serán bendecidos por el simple acto de mantenerse. Cuanto más podamos perseverar en la vida, Dios más nos concederá Sus bendiciones, lo que nos permitirá seguir perseverando. Si guardamos los mandamientos de Dios, hay un gran galardón para nuestras almas.

"Tu siervo es además amonestado con ellos;
En guardarlos hay grande galardón."

(Reina-Valera, 1960, Salmos 19:11)

El Señor también nos exhorta a perseverar en las pruebas, porque quienes resistan, serán bendecidos y recibirán la corona de la vida que Dios ha prometido al final del camino.

"Bienaventurado el varón que soporta la tentación; porque cuando haya resistido la prueba, recibirá la corona de vida, que Dios ha prometido a los que le aman."

(Reina-Valera, 1960, Santiago 1:12)

Así como el verdadero hijo de Dios estará eternamente seguro con su fe, también perseverará en la aflicción, la enfermedad, la persecución y las otras pruebas de la vida que nos suceden a todos como creyentes.

Perseverar hasta el final y no desmayar.
Sí se puede. ¡Éxito!

La perseverancia aumenta la autoestima cuando alcanzamos el éxito, ayuda a mejorar nuestras capacidades y habilidades, desarrolla nuevas técnicas para superar los obstáculos y aprendemos de los errores. Totalmente cierto.

Aun cuando seamos justamente disciplinados o reprendidos, no debemos desmayar, puesto que junto con la represión viene el renovador amor de Dios para Sus hijos y Su amor es incondicional. *Agape*. Demasiado hermoso. Abracemos su Amor.

Haydee

"Si permanecéis en mí, y mis palabras permanecen en vosotros, pedid todo lo que queréis, y os será hecho."

(Reina-Valera, 1960, Juan 15:7)

Qué hacer cuando está perdido o desorientado, sin saber a dónde ir

Muchas veces no entendemos nada, el por qué nos sentimos tan desorientados. Aunque no lo crea, siempre vamos a pasar situaciones fuertes en las que, literalmente, no entendemos nada. A mí me ha pasado, y no una vez, sino muchas veces, es parte de la vida y pasamos nuestro proceso. Pero qué bueno que tenemos un Padre que nos entiende y nos guía, solo debemos confiar, creer en Él y en nosotros también, con la certeza de que todo es una enseñanza y que, al final del camino, hay una salida, solución y bendición.

¿Se ha puesto a pensar cuál es su deseo para poder seguir hacia la meta y propósito? ¿Se ha sentado a meditar qué realmente anhela y hacia dónde quiere llegar? Sé que para muchos puede sonar muy alejado de la realidad, pero precisamente es porque no damos importancia a detalles como los que estoy mencionando.

Tenemos una habilidad tremenda para pasar por alto este tipo de cosas que parecen menos tangibles y que nos dan un resultado inmediato. Por lo contrario, lo que hacemos es poner este tipo de preguntas en un cajón y seguimos como si nada pasara.

Pero seguimos en el circulo girando en el mismo punto sin movernos. Qué tal, creo no equivocarme, ¿verdad que no?

Cuando uno no se conoce, no sabe quién es y, por lo tanto, en la mayoría de los casos, se crea una máscara externa adaptada a los gustos de los demás para ser socialmente aceptado. Nada bueno para poder avanzar.

Tarde o temprano, con las dificultades de la vida, acaba notándose artificial. Termina haciendo cosas que realmente no quiere, teniendo reacciones que no van con uno mismo y pasando el tiempo con personas que no le pegan ni en lo más mínimo. Eso nos puede pasar a todos, no seremos los únicos. Busque dentro de usted, escudriñe su corazón y hágase esta pregunta: ¿Por qué estoy así?, ¿qué debo cambiar de mi estilo de vida?, ¿por dónde debo comenzar para quitar lo que no me permite avanzar?

Empecemos a renovarnos y quitar todo lo que nos estorba para llegar a nuestros sueños y hacerlos realidad. Tenga citas con usted mismo en sus momentos de soledad, aprenda del dolor amargo, descúbrase en las grandes crisis y le aseguro que acabará por conocerse de una manera mucho más intensa y especial. Conéctese con personas que han logrado sus sueños. No escuche nada negativo. Cierre sus oídos. Céntrese en dónde quiere llegar y no pare.

Es muy importante no mirar para los lados, eso le puede desviar de su camino hacia sus sueños.

A veces nos vamos a sentir tristes, perdidos y desanimados, no querer hacer nada y no avanzar. Dios nos enseña que nosotros tendremos aflicciones en este mundo, pero Él venció, entonces, nosotros también lo podemos hacer. Le puedo asegurar que las personas que sienten que tienen un propósito al levantarse por las mañanas se encuentran mucho más centradas, satisfechas y con nuevas perspectivas para seguir el camino y alcanzar la Victoria.

"Estas cosas os he hablado para que en mí tengáis paz. En el mundo tendréis aflicción; pero confiad, yo he vencido al mundo."

(Reina-Valera, 1960, Juan 16:33)

En mi caso y por mis experiencias vividas, siempre he pensado que no hay límite para Dios y tampoco para nosotros. Dios es ilimitado y el único que se limita es el ser humano, es muy cierto. Entonces, ¡qué nos está parando para seguir nuestro camino al Éxito! Sigua avanzando y verá cómo su vida cambia día por día, basándose en sus propias experiencias y bendiciones.

Aquí, el punto es que cada día es un nuevo renacer para nuestros logros y sueños. Todo se lo puso Dios en sus manos y mente positiva todo el tiempo. Sobre todo, debemos salir de la comodidad y conformismo. Dediquemos más tiempo a pensar qué hacer, que en no saber qué hacer ni hacia dónde te diriges.

Recomendación: ¡Conozca nuevas formas de vivir, no se quede en el lugar donde ha estado, emprenda nuevos retos y vuele alto hasta donde quiere llegar, como el Águila, como yo lo he hecho y seguiré ese camino cuyo final es la Victoria! Con la ayuda del Señor. Atrévase. Sí podemos.

"pero los que esperan a Jehová tendrán nuevas fuerzas; levantarán alas como las águilas; correrán, y no se cansarán; caminarán, y no se fatigarán."

(Reina-Valera, 1960, Isaías 40:31)

¡Vuele, Vuele! Muy alto, hasta tocar el Cielo con sus manos

Confíe en Dios y espere, porque Él lo llenará de fe para volar con alas, como el Águila, superando cualquier problema y tribulación, por más grande que sea y escalar la montaña por más alta que sea. Sí se puede

Dios sabe que aprendemos, crecemos y nos volvemos más fuertes al enfrentar y sobrellevar las pruebas por las que tenemos que pasar. Sigua. ¡No pare! Somos Torres fuertes. Que no se le olvide.

Haydee

"No os ha sobrevenido ninguna tentación que no sea humana; pero fiel es Dios, que no os dejará ser tentados más de lo que podéis resistir, sino que dará también juntamente con la tentación la salida, para que podáis soportar."

(Reina-Valera, 1960, 1 Corintios 10:13)

¿Qué hacer cuando vemos que los problemas son grandes y no sabemos por dónde empezar?

Moisés soportó una vida de problemas porque tenía la mirada puesta en la recompensa. Pablo resistió las penalidades de la misma manera.

"teniendo por mayores riquezas el vituperio de Cristo que los tesoros de los egipcios; porque tenía puesta la mirada en el galardón."

(Reina-Valera, 1960, Hebreos 11:26)

Es así, debemos enfrentar y soportar las dificultades, confiando con la ayuda de Dios, creyendo en Él y en nosotros.

"Cercano está de mí el que me salva; ¿quién contenderá conmigo? Juntémonos. ¿Quién es el adversario de mi causa? Acérquese a mí."

(Reina-Valera, 1960, Isaías 50:8)

Debemos siempre recordar y tener presente que nosotros nunca estamos solos. El Señor todo el tiempo está al lado de nosotros. Solo tenemos que creer y esperar Sus bendiciones pacientemente. Nuestra mirada debe estar fija en las cosas de arriba y seguir caminando en victoria y estar quietos, que Él hará a Su tiempo, que es perfecto y da para todos, y las mejores bendiciones llegan descansando en Dios y en nosotros y activando nuestra fe en grande.

La actitud con la que afrontamos los problemas y necesidades es un factor determinante para nuestro éxito o fracaso profesional, pero, también en lo referente a nuestra vida personal. Nosotros tenemos las herramientas para poder enfrentar los problemas que se nos vayan presentando en el diario vivir. Sea fácil o difícil el problema o la situación, debemos aprender a creer y confiar en Dios y en nosotros, que todo es posible. Dios siempre tiene soluciones previstas.

Podemos ver que, en aquel tiempo, también se presentaban situaciones complicadas. ¿Cierto que sí? Vamos a recordar el pasaje de Elías: hubo una gran hambre y sequía por tres años y medio, y se habla de que había muchas viudas en Israel que sufrirían esta situación. El Señor envió a Elías para que lo alimentara, y no fue muy agradable para ella, ya que se estaba pasando por un momento muy crítico, tiempo de hambre, para que, además, se tuviera que alimentar a un Profeta. Pero así hace el Señor, da una boca más para alimentar. Cuando Él nos manda hacer algo, hay que obedecerle, ya que Dios sabe todo lo que pasará en ese envío a Serepta.

Así pasa muchas veces con nosotros, que el Señor nos envía personas, cosas, o lugares y empezamos a renegar, murmurar y quejarnos. Nada de eso está bien, ¿por qué? Perdemos nuestra bendición.

La actitud ante los problemas es lo que nos define como personas y hay que enfrentarlos con audacia, valentía y, sobre todo, confianza en el Dios Todopoderoso. ¿Qué nos enseña este pasaje? Debemos ser obedientes, no quejarnos, estar atentos a esa voz audible que está dentro de nosotros y esperar la bendición.

La fe, para ser fe, tiene que entrar en lo desconocido. Tiene que llegar hasta el borde de la luz y dar algunos pasos en la oscuridad. Si todo se pudiera saber, explicar, certificar, mostrar, etc., entonces no habría necesidad de la fe. Muy cierto. ¿Usted que piensa?

> *"Y ella respondió: Vive Jehová tu Dios, que no tengo pan cocido; solamente un puñado de harina tengo en la tinaja, y un poco de aceite en una vasija; y ahora recogía dos leños, para entrar y prepararlo para mí y para mi hijo, para que lo comamos, y nos dejemos morir. Elías le dijo: No tengas temor; ve, haz como has dicho; pero hazme a mí primero de ello una pequeña torta cocida debajo de la ceniza, y tráemela; y después harás para ti y para tu hijo. Porque Jehová Dios de Israel ha dicho así: La harina de la tinaja no escaseará, ni el aceite de la vasija disminuirá, hasta el día en que Jehová haga llover sobre la faz de la tierra."*
>
> (Reina-Valera, 1960, 1 Reyes 17:12-14)

Dios siembra una palabra en el corazón de sus hijos

Dios recompensó la fe de la viuda de Sarepta:

Muchas veces llegamos a pensar que no tenemos nada. Dios nos dice: tienes lo suficiente porque, si te diseñé para que des, es imposible que el que llegue en escasez a tu vida se vaya con la misma escasez. Es muy cierto, su realidad no se compara con su verdad, con la promesa que Dios nos dio.

El Profeta llegó y lo primero que le dijo a la viuda de Sarepta fue: dame de beber, y dame de comer. Hay personas que le están colocando condiciones a Dios. Y Dios les está diciendo "dame", y ellos le dicen a Dios "no tengo".

Dios nunca te va a decir que hagas algo si antes NO tiene una bendición para Sus hijos, solo tenemos que obedecer a Él e ir en pos de esa bendición y abrazarla.

Cuando Dios siembra una palabra en el corazón, no importa de qué manera ese corazón haya sido maltratado o haya sido tratado; lo que Dios dice, se cumple.

Haydee

"Como tú no sabes cuál es el camino del viento, o cómo crecen los huesos en el vientre de la mujer encinta, así ignoras la obra de Dios, el cual hace todas las cosas."

(Reina-Valera, 1960, Eclesiastés 11:5)

¿Qué hacer cuando vienen las tribulaciones? ¿Dónde debo apoyarme?

"Y David se angustió mucho, porque el pueblo hablaba de apedrearlo, pues todo el pueblo estaba en amargura de alma, cada uno por sus hijos y por sus hijas; más David se fortaleció en Jehová su Dios."

(Reina-Valera, 1960, 1 Samuel 30:6)

Aquí ya tenemos la respuesta a qué debemos hacer cuando vengan las pruebas y tribulaciones. Siempre aprendí que, cuando todo está oscuro y turbulento, es porque vienen bendiciones con un propósito y una recompensa mayor. Créame que es completamente cierto, yo soy un testimonio de estas experiencias:

"Hermanos míos, tened por sumo gozo cuando os halléis en diversas pruebas, sabiendo que la prueba de vuestra fe produce paciencia. Mas tenga la paciencia su obra completa, para que seáis perfectos y cabales, sin que os falte cosa alguna."

(Reina-Valera, 1960, Santiago 1:2-4)

A través de todas las pruebas y tribulaciones de la vida, tenemos la victoria. Aunque estamos en una batalla espiritual, la maldad no tiene autoridad sobre Sus hijos. Dios nos ha dado Su palabra para guiarnos, el Espíritu Santo para fortalecernos y el privilegio de venir a Él en cualquier lugar y en cualquier momento al orar por todo. Él también nos ha asegurado que no habrá tentación que nos pondrá a prueba más allá de nuestra capacidad para resistir y dará, también, junto con la tentación, la salida, para que podamos soportar todo…

"No os ha sobrevenido ninguna tentación que no sea humana; pero fiel es Dios, que no os dejará ser tentados más de lo que podéis resistir, sino que dará también juntamente con la tentación la salida, para que podáis soportar."

(Reina-Valera, 1960, 1 Corintios 10:13)

"Pero como las chispas se levantan para volar por el aire, Así el hombre nace para la aflicción."

(Reina-Valera, 1960, Job 5:7)

Hoy, usted puede estar pasando por una dificultad o tribulación de la que no encuentra salida, me imagino que está a punto de salir corriendo, desaparecer, o gritar. No creo equivocarme, nos pasa a todos. Quizás sus problemas no sean tan grandes como piensa. Todo, absolutamente todo, tiene solución. ¿Verdad que sí? Bueno, me imagino que su situación o tribulación tiene que ver con situaciones en el hogar, parejas, hijos, familia, trabajo, enfermedad, etc. Venga, ¿le digo algo? Siempre los vamos a tener, pero qué bueno que tenemos una fe grande que nos hace Torre Fuerte y más valientes. Así es de simple.

Otra cosa muy importante es que no se quede con nada de lo que lo está ahogando, vaya y busque un sitio donde pueda estar solo o sola con Dios, llore todo lo quiera, ya que llorar limpia el Alma y hace sentir mejor. No escuche a la gente que dice que llorar es malo. Aquí se lo demuestro, aparte de todo, ¡es tan importante llorar! Que cuando nacemos, lo primero que el Dr. quiere escuchar es el llanto del bebé y, si no lo hace voluntariamente, le dan una palmadita para que suelte el llanto. Qué tal, qué tremendo. Así que, llore y saque todo, es gratis.

"Jesús lloró. Dijeron entonces los judíos: Mirad cómo le amaba. Y algunos de ellos dijeron: ¿No podía este, que abrió los ojos al ciego, haber hecho también que Lázaro no muriera?"

(Reina-Valera, 1960, Juan 11:35-37)

Quiero decirles que en aquellos tiempos los profetas, discípulos y pastores no estaban exentos de los sufrimientos. Era y es parte del diario vivir. No debemos esperar que, por el hecho de ser cristianos o le creamos a Dios, vamos a ser inmunes a los problemas. Jamás, ¿cuándo Dios dice eso? ¡Piense en lo mucho que sufrió Jesús!

"Por lo cual también Jesús, para santificar al pueblo mediante su propia sangre, padeció fuera de la puerta."

(Reina-Valera, 1960, Hebreos 13:12)

Se da cuenta de que, si Jesús padeció y pagó el precio por nosotros, siendo el hijo de Dios, nuestros problemas no serán mayores que los de Él. ¿Está completamente de acuerdo conmigo? Todo pasa por una razón. Cuando vemos que todo está oscuro a nuestro alrededor es porque Dios nos tiene mejores cosas y grandes bendiciones, entonces veámoslo claro y sigamos creyendo.

"Amados, no os sorprendáis del fuego de prueba que os ha sobrevenido, como si alguna cosa extraña os aconteciese,"

(Reina-Valera, 1960, 1 Pedro 4:12)

Es bueno buscar nuevas fuerzas en el Señor personalmente, pero, a veces, necesitamos la ayuda de otros para hallar esas fuerzas y acudamos al Rey de Reyes, cuya fuerza sustentadora nos levanta y sostiene. Debemos recordar que pertenecemos y creemos en un Dios vivo. Todas las promesas que Dios nos hace son para que le tomemos la palabra, confiemos en que cumplirá en nosotros y para nosotros lo que Él ha prometido:

> *"Encomienda a Jehová tu camino,*
> *Y confía en él; y él hará."*

(Reina-Valera, 1960, Salmos 37:5)

¡Aprender en medio de las pruebas y tribulaciones! Orar y no desmayar

Jesús, cuando vivió en la tierra, tuvo el momento que parece ser el de mayor tribulación cuando fue a orar en Getsemaní, previo a ser crucificado. Lo sabemos por el relato bíblico.

Jesús no tenía miedo a morir, o ser crucificado. Él no quería eso, como lo muestra el texto bíblico, pero oró a Dios Padre que NO sea Su voluntad, sino la del Padre.

Así que, del mismo Jesús, podemos aprender que, en medio de la angustiante tribulación, nos debemos mantener orando al Padre Celestial y haciéndole notorias nuestras peticiones en oración, pero sometiendo nuestra voluntad a la de Él.

Es necesario que las personas sean o seamos probadas, purificadas y perfeccionadas mediante el sufrimiento. Por eso encontramos personas que han pasado por pruebas y aflicciones de toda clase y que aprendieron a poner su confianza en Dios y solo en Él. Así nos pasa a todos, ¿verdad que sí? Todo esto es solo para que aprendamos a creer y confiar en Él.

Haydee

"Pero sin fe es imposible agradar a Dios; porque es necesario que el que se acerca a Dios crea que le hay, y que es galardonador de los que le buscan."

(Reina-Valera, 1960, Hebreos 11:6)

Qué podemos aprender de David y por qué Dios puso Sus ojos en él

*P*odemos aprender mucho de la vida de David, ya que él era un hombre conforme al corazón de Dios:

> *"Entonces Samuel dijo a Saúl: Locamente has hecho; no guardaste el mandamiento de Jehová tu Dios que él te había ordenado; pues ahora Jehová hubiera confirmado tu reino sobre Israel para siempre. Mas ahora tu reino no será duradero. Jehová se ha buscado un varón conforme a su corazón, al cual Jehová ha designado para que sea príncipe sobre su pueblo, por cuanto tú no has guardado lo que Jehová te mandó."*
>
> (Reina-Valera, 1960, 1 Samuel 13:13-14)

Saúl no estaba a la altura como el rey de Dios. Mientras que el rey Saúl estaba cometiendo errores, uno tras otro, Dios envió a Samuel a encontrar Su pastor elegido, David, el hijo de Isaí.

> *"E hizo pasar Isaí siete hijos suyos delante de Samuel; pero Samuel dijo a Isaí: Jehová no ha elegido a estos. Entonces dijo Samuel a Isaí: ¿Son estos todos tus hijos? Y él respondió: Queda aún el menor, que apacienta las*

ovejas. Y dijo Samuel a Isaí: Envía por él, porque no nos sentaremos a la mesa hasta que él venga aquí."

(Reina-Valera, 1960, 1 Samuel 16:10-11)

Se cree que David tenía entre 12 a 16 años de edad cuando fue ungido como rey de Israel. Él era el más joven de los hijos de Isaí, y una elección poco probable para ser rey, humanamente hablando. Samuel pensó que Eliab, el hermano mayor de David, era, sin duda, el ungido. Sin embargo, Dios le dijo:

"Pero el SEÑOR dijo a Samuel: —No mires su apariencia ni lo alto de su estatura, pues yo lo he rechazado. Porque el SEÑOR no mira lo que mira el hombre: El hombre mira lo que está delante de sus ojos, pero el SEÑOR mira el corazón.".

(Reina Valera Actualizada, 2015, 1 Samuel 16:7)

Eso es correcto. Muy cierto. Así hace el Señor con nosotros en este tiempo, Él mira nuestro corazón, porque del corazón salen las buenas y las malas intenciones; el Señor conoce todo de nosotros y nadie lo puede engañar. David era el más joven, estaba cuidando ovejas. Se sabe que lo más importante para Dios, es la parte interior, es la humildad, sobre todo, un corazón conforme al de Él. Samuel ungió a David con aceite y desde aquel día en adelante el Espíritu del Señor vino sobre David.

"Y Samuel tomó el cuerno del aceite, y lo ungió en medio de sus hermanos; y desde aquel día en adelante el Espíritu de Jehová vino sobre David. Se levantó luego Samuel, y se volvió a Ramá."

(Reina-Valera, 1960, 1 Samuel 16:13)

Quizás uno de los relatos bíblicos más conocidos es el que narra cuando David mató al gigante Goliat. Era un duelo que había entre Goliat y alguno que quisiera pelear con él. Pero ninguno se atrevía a enfrentarse a él, pues lo consideraban el más fuerte e invencible, es más, todos le tenían miedo. David preguntó: "¿Qué le harán al que venciera al Gigante? ¿Quién es este filisteo incircunciso, para que provoque a los escuadrones del Dios viviente? ¿Por qué tanto miedo? Si el más grande es Dios. No hay nadie que sea más grande, fuerte y poderoso que Él". Qué hermoso.

"Entonces habló David a los que estaban junto a él, diciendo: ¿Qué harán al hombre que venciere a este filisteo, y quitare el oprobio de Israel? Porque ¿quién es este filisteo incircunciso, para que provoque a los escuadrones del Dios viviente?"

(Reina-Valera, 1960, 1 Samuel 17:26)

David le dijo a Saúl, "No desmaye el corazón de ninguno a causa de él; tu siervo irá y peleará contra este filisteo". Aquí cabe destacar que, más que valentía, era la confianza y seguridad en Dios y en él. Esa es la FE, grande. Esto nos hace reflexionar, porque, por más grande que sea la situación o problema, siempre lo podemos derribar y vencer. Dios nos ha dado esa autoridad y poder para decirles a los Gigantes que se aparten de nuestros caminos.

"Y dijo David a Saúl: No desmaye el corazón de ninguno a causa de él; tu siervo irá y peleará contra este filisteo."

(Reina-Valera, 1960, 1 Samuel 17:32)

David estaba tan confiado en que el Señor estaba con él y que su poder venía del Dios Altísimo, que se decidió ir a pelear con lo que él tenía en sus manos, de la manera más simple. David tomó su cayado, cinco piedras lisas, su saco pastoral y una honda, porque su protección y fuerza venían de Dios. Goliat no fue intimidado por David, pero David tampoco fue intimidado por el gigante. Así es que nadie lo debe intimidar, sea usted mismo. De esa manera, lo mató con una honda y una piedra en la frente. Es tan simple, si él venció, también nosotros lo podemos lograr. No tenga miedo. Sí se puede.

"Metiendo la mano en su bolsa sacó una piedra, y con la honda se la lanzó al filisteo, hiriéndolo en la frente. Con la piedra incrustada entre ceja y ceja, el filisteo cayó de bruces al suelo."

(NVI, 1 Samuel 17:49)

¡Conozca la intimidad de Dios y atesórelo en todo su ser!

Aprenda a conocer íntimamente a Dios. Adórelo y sírvale de todo corazón y con una disposición para Él todo el tiempo, pues el Señor ve cada corazón, conoce todo plan y pensamiento. Él nos sigue y está en todas partes.

Haydee

"Y tú, Salomón, hijo mío, reconoce al Dios de tu padre, y sírvele con corazón perfecto y con ánimo voluntario; porque Jehová escudriña los corazones de todos, y entiende todo intento de los pensamientos. Si tú le buscares, lo hallarás; mas si lo dejares, él te desechará para siempre."

(Reina-Valera, 1960, 1 Crónicas 28:9)

Cómo lograr sus metas en su vida usando el diseño de Dios (Mente renovada)

Las metas, sueños y propósitos en la vida de una persona que se proponga en su mente y corazón, deben trabajarse hasta lograrlo. Dios nos diseñó con la capacidad de soñar, planificar, ejecutar y disfrutar el producto de nuestro trabajo. Algunas metas en la vida toman más tiempo para lograrse que otras, podemos pasar años trabajando en su propósito y es probable que nos desanimemos cuando no logramos cumplir nuestro objetivo. Pero debemos seguir perseverando y creyendo que ya lo tenemos todo en nuestras manos; yo lo creo, es muy cierto.

"y he visto todas las obras de Dios, que el hombre no puede alcanzar la obra que debajo del sol se hace; por mucho que trabaje el hombre buscándola, no la hallará; aunque diga el sabio que la conoce, no por eso podrá alcanzarla."

(Reina-Valera, 1960, Eclesiastés 8:17)

Pongamos todos los proyectos delante de Dios y Él nos ayudará a cumplir las metas que anhelamos conforme a su perfecta voluntad. Si tenemos una larga lista de metas que nos gustaría lograr, tenemos más opciones en las cuales trabajar y por las que esforzarnos. Dirigidos por Dios tenemos más oportunidades para lograr lo pautado en la lista. Cuando validemos algún objetivo en la lista nos inspirará a seguir buscando el favor de Dios para lograr aún más.

Debemos pedir la dirección de Dios, considerar lo que deseamos obtener y trabajar en pos de ese sueño mientras seguimos confiando que ya está hecho. Presentemos nuestros proyectos delante del Señor y confiemos en Él, y en nosotros también. Escribamos las metas y eso nos motivará a creer aún más.

Es cierto, yo lo hago y, al final, todo se hace realidad de acuerdo a la voluntad de Dios. Planifiquemos los pasos a seguir para alcanzar nuestros sueños.

Muchas veces nos sentimos como si estuviéramos a la deriva en el mundo sin saber qué hacer y por dónde empezar. ¿Verdad que sí? Aunque trabajemos duro, pareciera que nunca llegaremos, y hasta llegamos a pensar que no hemos hecho nada.

El proceso de establecer metas nos ayuda a elegir hasta dónde queremos llegar en la vida, sabiendo exactamente lo que queremos lograr y dónde tenemos que concentrar los esfuerzos. Si logramos conquistar una meta en la vida es porque establecemos todos los objetivos; al enumerar las metas, nos brindamos una visión a largo plazo y una motivación a corto plazo. Pero lo hacemos con perseverancia y tenacidad, pensando que sí se puede y seguimos hasta obtener la Corona de Victoria al final, en una espera de triunfadores. También aumentará la confianza en nosotros mismos a medida que reconozcamos nuestra propia capacidad y competencia para lograr los objetivos que hemos establecido.

Cada uno de nosotros quiere lograr algo, ya sea grande o pequeño, en algún momento de nuestras vidas. Todos tenemos profundas esperanzas y sueños para el futuro y un ardiente deseo de lograr algunas grandes hazañas. Está estampado en nuestro ser, genéticamente predispuesto, no solo por supervivencia y cultura, sino por una ansiosa pasión por prosperar. El establecernos una meta en la vida es parte de nuestras costumbres y lo que somos realmente, gente de progreso y triunfo.

Sin lugar a duda, lograr cualquier meta en la vida requiere autodisciplina aguda; implica una conciencia de nuestras acciones y la capacidad de superar algunos malos hábitos que podrían estar reteniéndonos. Introducir la autodisciplina en nuestras vidas no es una tarea fácil, requiere una atención inquebrantable a nuestras acciones y un impulso implacable para querer lograr algo grande.

Debemos asegurarnos de que nuestra meta es lograble y que es un gran proyecto para alcanzar el sueño en la vida. Para lograrlo, debe pasar de nuestra imaginación a ser tangible, por lo que se recomienda que se escriba. Tiene, literalmente, que describir el objetivo para el cumplimiento de sus metas, sueños, propósitos y, aún más, describirlos con muchos detalles.

"Mas buscad primeramente el reino de Dios y su justicia, y todas estas cosas os serán añadidas."

(Reina-Valera, 1960, Mateo 6:33)

Sueñe en grande y defina sus metas, tendremos éxitos grandiosos

Nuestras metas pueden derivarse de nuestros sueños, pero el sueño es lo que despierta la alegría y enciende nuestra imaginación: refleja nuestros deseos más íntimos y, por lo tanto, nuestra identidad, hacia dónde nos dirigimos realmente. Primero hay que ser positivo y optimista. Este primer paso es fundamental para emprender el camino hacia sus metas. Debemos ser perseverantes, tener disciplina, ser pacientes. Fe, confianza en Dios, y en nosotros mismos. Sí se puede.

Haydee

"Y Jehová me respondió, y dijo: Escribe la visión, y declárala en tablas, para que corra el que leyere en ella. Aunque la visión tardará aún por un tiempo, más se apresura hacia el fin, y no mentirá; aunque tardare, espéralo, porque sin duda vendrá, no tardará."

(Reina-Valera, 1960, Habacuc 2:2-3)

*Romper el ciclo del pasado.
¿No todos los caminos
son buenos?*

Cada día que comienza es una nueva oportunidad del cielo para decir: "Gracias, mi Señor, por otro nuevo amanecer y un día más que nos regalas". Siempre debemos estar atentos en todo momento, hora, segundo, minuto, etc., y prestar nuestros oídos solo a lo que Dios nos dice y guía. ¡No mirar atrás! ¿Por qué? Dios siempre nos trae cosas nuevas y nos da lo mejor, ¿cierto? No creo que sea la única que lo sabe.

> *"Ni echan vino nuevo en odres viejos; de otra manera los odres se rompen, y el vino se derrama, y los odres se pierden; pero echan el vino nuevo en odres nuevos, y lo uno y lo otro se conserva juntamente."*
>
> *(Reina-Valera, 1960, Mateo 9:17)*

Cuando me levanto por la mañana, lo primero que le digo a Dios es que someto mi voluntad a Él y le digo que siempre quiero mirar hacia adelante, sabiendo que Él va guiando mis pasos en todo momento.

Cuando acudimos a Dios con vidas deshechas sin saber qué hacer, Él toma nuestros corazones rotos y nos hace nuevas personas: Dios hace así con nuestra vida y sana toda herida. ¡El amor del Señor nos llena de Su fortaleza y nos mantiene todo tiempo el de pie y siempre mirando hacia arriba y siguiendo el camino del Éxito!

El amor de Dios rompe el ciclo de nuestro pasado y nos da un nuevo futuro. ¡Y no termina allí! Encontramos fortaleza y esperanza en lo que Él sigue haciendo en nosotros en cada etapa de nuestra vida. Sigamos siempre la línea de nuestros propósitos y sueños, que nadie nos desvíe, mantengamos esa dirección. NO preste sus oídos a nada negativo.

"Aquello que fue, ya es; y lo que ha de ser,
fue ya; y Dios restaura lo que pasó."

(Reina-Valera, 1960, Eclesiastés 3:15)

A mí en lo particular me encantan los cambios, ya que de allí vienen los sueños, y como yo digo, recibimos bendiciones que nos trazan un camino hacia nuevos horizontes. Hablar de cambios y que me gustan no significa que sean fáciles, pero tampoco son imposibles. Si bien mi mente siempre está llena de proyectos y planes de cambios, hay un aspecto que siempre ha sido desafiante en mi vida: Cerrar los ciclos.

Se habla mucho del apego, de cómo este nos hace sufrir demasiado y que muchas veces no lo entendemos, ya que no nos permitimos soltar situaciones, personas, trabajos, hábitos o patrones emocionales que ya NO nos nutren. Pero sabemos que son costumbres, nos apegamos y no las queremos soltar. ¿Cómo le parece? Duro, esto, ¿verdad que sí? Pero sí se puede. Entonces, soltemos todo los que nos hace tanto daño.

En mi experiencia personal, mirando en retrospectiva, puedo identificar muchas veces en las que alargué situaciones por miedo al fracaso, la soledad o a lastimar a otros. El factor común de todas esas situaciones en las que alargué un ciclo que ya naturalmente había finalizado fue que no entendía que ¡tomar decisiones es lo más importante! Ahora soy libre y puedo ver más allá de mis sueños y propósitos. Todo se puede.

Estaba tan ocupada intentando conservar mi estilo de vida sin querer soltar nada, que mi cuerpo tuvo que hablarme firme y claro. Su mensaje fue: o sueltas todo aquello que ya no resuena contigo para poder seguir tu rumbo, o hasta aquí llegamos. ¡Qué tal! De verdad hay situaciones o ciclos que nos cuesta cerrarlos y quitarlos de nuestro camino. Muchas veces, nos cuesta tanto que el dolor es mayor; pero, sin mirar atrás, tomemos decisiones saludables para nuestra vida y sigamos caminando.

Aprendí que para soltar es clave poder agradecer. Cuando lo que queremos soltar es algo que ha contribuido de manera positiva a nuestra vida, puede ser más fácil identificar los aspectos a agradecer. Es fácil ser consciente del sentimiento de gratitud ante un trabajo que me ayudó a avanzar en mi carrera, una relación que me hizo feliz por mucho tiempo o una experiencia que me entregó habilidades o conocimientos. Es más difícil agradecer lo que queremos soltar cuando la situación ha sido dolorosa, por x razón. Pero seamos fuertes y soltemos.

No podemos avanzar si antes NO cerramos el ciclo anterior, ya que comenzamos a abarcar mucho más de lo que podemos "apretar". Cerrar los ciclos no es importante para avanzar rápido, es importante para avanzar tranquilos, con metas y llenos de sueños.

En el fondo, nuestro corazón siempre sabe hacia dónde queremos ir, qué queremos hacer, con quién queremos estar, dónde queremos vivir, y nos guía constantemente a hacerlo. Pero, para poder escucharlo y seguirlo, es necesario estar livianos de equipaje, debemos cerrar los ciclos anteriores con gratitud, conciencia y firmeza. No lo piense más, que el miedo no lo pare. Sí se puede. Atrévase a conquistar la libertad. Seamos fuertes, que sí podemos.

Cerremos ciclos con la confianza en Dios y en ti. Recibe lo nuevo

Cuando Dios permite un cambio laboral, ciclo espiritual o emocional, no es para desecharte, sino para protegerte y guiarte a lo que verdaderamente es tuyo.

Que nuestro deseo sea afirmar la confianza de Dios todo el tiempo. Agradecer que sí podemos. Amarnos es lo mejor. Dios es amor.

Haydee

"Hermanos, yo mismo no pretendo haberlo ya alcanzado; pero una cosa hago: olvidando ciertamente lo que queda atrás, y extendiéndome a lo que está delante, prosigo a la meta, al premio del supremo llamamiento de Dios en Cristo Jesús."

(Reina-Valera, 1960, Filipenses 3:13-14)

Todo sucede por una razón para los hijos que aman a Dios, para bien

¿Todo sucede por algo? La respuesta corta es "sí" porque Dios es soberano, no existe la casualidad, sino causalidad, una causa para un efecto, no eventos que suceden fuera de control. Los propósitos de Dios puede que nos sean ocultos, pero podemos estar seguros de que detrás de cada evento hay un propósito y una gran bendición, los cuales casi siempre nos sorprende.

Había un propósito para la ceguera del hombre en Juan 9, aunque los discípulos se equivocaron al identificar la razón. Hubo una razón respecto a los malos tratos que recibió José, aunque el propósito de sus hermanos cuando lo hicieron fue muy diferente del propósito de Dios al permitirlo.

"A su paso, Jesús vio a un hombre que era ciego de nacimiento. Y sus discípulos le preguntaron: 'Rabí, para que este hombre haya nacido ciego, ¿quién pecó, él o sus padres?' 'Ni él pecó, ni sus padres' respondió Jesús, 'sino que esto sucedió para que la obra de Dios se hiciera evidente en su vida'."

(NVI, Juan 9:1-3)

Había un propósito en la muerte de Jesús; las autoridades de Jerusalén tenían sus razones, basadas en malas intenciones y Dios tuvo las suyas, basadas en la justicia. La soberanía de Dios se extiende, incluso, hasta la más humilde de las criaturas:

"¿No se venden dos pajarillos por un cuarto? Con todo, ni uno de ellos cae a tierra sin vuestro Padre."

(Reina-Valera, 1960, Mateo 10:29)

Varios factores nos ayudan a saber que todo sucede por algo, entre ellos, la ley de causa y efecto y la providencia de Dios. Todo esto demuestra que todo sucede por una razón y no solo por casualidad o por azar. Existe la ley natural de causa y efecto, también conocida como la ley de la siembra y la cosecha. Pablo dice:

"No os engañéis; Dios no puede ser burlado: pues todo lo que el hombre sembrare, eso también segará.'

(Reina-Valera, 1960, Gálatas 6:7-10)

Esto significa que, en cada acción que realicemos o cada palabra que pronunciemos, ya sea para bien o para mal, hay ciertos resultados inevitables que vendrán. Alguien podría preguntar, "¿Por qué estoy en la cárcel? ¿Hay alguna razón para ello?" y la respuesta podría ser, "Porque usted hizo algo malo y pagó su precio". Esa es la causa y el efecto. Así que, no despreciemos o maltratemos a ninguna persona.

Todo lo que hacemos es una inversión en la carne o en el Espíritu. Vamos a cosechar lo que hemos sembrado y cosecharemos en proporción a lo que hemos sembrado.

"Pero esto digo: El que siembra escasamente, también segará escasamente; y el que siembra generosamente, generosamente también segará."

(Reina-Valera, 1960, 2 Corintios 9:6)

El que camina en el Espíritu, "siembra" en el Espíritu, y va a recoger una cosecha espiritual. Si su siembra ha sido generosa, la cosecha será abundante; si no en esta vida, ciertamente en la vida venidera. Eso es así.

Dios siempre está obrando en las vidas de sus hijos y, en su bondad, los llevará a buen término. Los eventos que definen nuestras vidas no son simplemente el resultado de causas naturales o del azar. Están ordenados por Dios y planeados para nuestro bien. Con frecuencia, fracasamos en sentir la guía o la protección oculta de Dios en la medida en que los eventos en nuestras vidas se van desarrollando. Pero, cuando miramos hacia atrás a los acontecimientos pasados, somos capaces de ver claramente su mano, incluso en momentos de tragedia y de mucha tribulación. Entonces, no miremos más el pasado. ¡Vivamos el día a día, hoy! El mañana es incierto. Solo planifiquemos, eso sí; Dios hará y lo afirmará.

Todo el tiempo debemos sembrar lo mejor y con el corazón agradecido

Siempre decimos, que "todo vuelve multiplicado", bueno o malo. Eso es muy cierto, es una ley de Dios y también es terrenal, con la acción-reacción, causa-efecto. "El que siembra cosecha". Así que, si queremos recoger buena cosecha, sembremos todo lo bueno con excelencia y amor. Es muy importante para nosotros que, si vamos a hacer algo, cualquier cosa, debemos hacerlo bien, como para Dios y para nosotros. Esa es la actitud y con el corazón.

Haydee

"El alma generosa será prosperada; Y el que saciare, él también será saciado."

(Reina-Valera, 1960, Proverbios 11:25)

Virtud de la paciencia de Job. ¡Aplicarla a nosotros, muy importante!

La paciencia es la actitud que lleva al ser humano a poder soportar contratiempos y dificultades para conseguir algún bien. Es un rasgo de personalidad prudente. Es la virtud de quienes sabemos sufrir y tolerar las contrariedades y adversidades con fortaleza y sin lamentarnos o quejarnos.

Es una cualidad de carácter que nos permite pasar por situaciones caóticas sin derrumbarnos, nos permite educar a nuestros hijos sin gritos y aceptar a los compañeros de trabajo sin deprimirnos, entender a la pareja, entre muchas otras cosas. Es tolerar o soportar dolor o dificultades sin quejas. Muy cierto, ¿verdad que sí? De esta forma, la paciencia tiene diferentes caras:

- Crear las oportunidades: Paciencia no solo es esperar, sino también hacer algo por lograr lo que queremos.

- Reconozca sus logros: Cuando vemos las cosas que hemos logrado nos motivamos a alcanzar otras más grandes o mejores.

- Organice su tiempo, planifique, etc.: Si organiza su día y realiza a tiempo sus tareas, vivirá con menos estrés en la realidad total.

La paciencia es una de las virtudes cardinales que la filosofía enseñó desde la época de los grandes pensadores griegos. Independientemente, los hebreos hicieron aportes significativos de lo que entendieron como "paciencia" cuando se escribió el libro de Job.

La narrativa sobre de este patriarca presenta a un hombre de conducta intachable, que vivió y gozó de una gran prosperidad y tenía una familia con diez hijos. Hablemos de Job. Tuvo una serie de percances en las que perdió la totalidad de sus bienes materiales y a sus diez hijos; sin embargo, a pesar de la dura prueba causada por las pérdidas materiales y familiares, fue sometido, además, a una horrible enfermedad; pero él no perdió su capacidad emocional, su fe, su confianza, su integridad y su fidelidad a Dios, esta última es la más importante. Usted me dirá, ¡pero eso no es nada fácil! Es muy cierto, pero de eso se trata, de tener fe, confianza y esperar que Dios nunca nos va a abandonar. Solo creer en Él y en nosotros mismos.

"y dijo: Desnudo salí del vientre de mi madre, y desnudo volveré allá. Jehová dio, y Jehová quitó; sea el nombre de Jehová bendito."

(Reina-Valera, 1960, Job 1:21)

Job hizo demostración de una inigualable paciencia, porque no dejó de bendecir el nombre del Señor. Eso hizo Job y, al efecto, dijo: Si aceptamos los bienes que Dios nos da, ¿por qué no vamos a aceptar también los males? Eso habló Job y Dios sabía que salía de su corazón.

> *"Y él le dijo: Como suele hablar cualquiera de las mujeres fatuas, has hablado. ¿Qué? ¿Recibiremos de Dios el bien, y el mal no lo recibiremos? En todo esto no pecó Job con sus labios."*
>
> (Reina-Valera, 1960, Job 2:10)

Verdaderamente, la historia de este hombre nos presenta como el prototipo de la persona con la virtud de la paciencia, que es una excepción, porque difícilmente aparece alguien con esa capacidad de sobrellevar la pérdida de sus bienes materiales, sus hijos y su salud física. A pesar de todo de lo que él pensó y dijo, se mantuvo fiel, con paciencia indescriptible, con Él. No es tarea fácil, pero sí se puede, con Fe.

Muchas veces nos preguntamos: ¿por qué le pasan cosas malas a la gente? Es que no lo podemos entender. Solo Dios tiene la respuesta, y debemos creer y confiar en Él. Sigamos el ejemplo de Job. "La virtud de la paciencia". Sí se puede, sin cuestionar.

La paciencia es una virtud de amor, fe, humildad y espera en Dios, que nos hace crecer y madurar como seres humanos

Job no debía haber cuestionado la bondad, la justicia y la sabiduría de Dios. Esta autorreflexión lo llevó a un profundo remordimiento y arrepentimiento por su actitud equivocada hacia Él. Job se arrepintió del pecado de cuestionar a Dios.

"Ahora ciñe como varón tus lomos; Yo te preguntaré, y tú me contestarás."

(Reina-Valera, 1960, Job 38:3)

Esta experiencia le enseñó a Job el significado de la fe. Su visión de Dios le permitió entregarse a la voluntad divina, y su compromiso con Dios no fue afectado por sus circunstancias. Ya no esperaba bendiciones temporales como prueba del favor del cielo. Ahora, confiaba plenamente en la sabiduría y los tratos de Dios. Creer con fe y esperar que el Señor siempre tiene lo mejor para Sus hijos, aún más allá de lo que esperamos.

Haydee

¡En momentos difíciles! El Señor se glorifica en medio de las Tribulaciones

"Bendeciré a Jehová en todo tiempo; Su alabanza estará de continuo en mi boca. En Jehová se gloriará mi alma; Lo oirán los mansos, y se alegrarán. Engrandeced a Jehová conmigo, Y exaltemos a una su nombre. Busqué a Jehová, y él me oyó. Y me libró de todos mis temores.

(Reina-Valera, 1960, Salmos 34:1-4)

Todos sufrimos pérdidas o vivimos experiencias dolorosas en algún momento que nos han tocado lo más profundo de nuestro corazón. Cuando nos ocurren, es normal sentir tristeza y hasta deprimirnos. Alabar a Dios protege la mente y el corazón de modo que no caigamos en la desesperación. Es muy importante.

¡Siempre debemos adorar y alabar al Señor! Orar y dar gracias por todo. Hay momentos en que siento la necesidad de postrarme ante los pies de Él. Cuando lo hago y medito en Su palabra, es como ungüento santo que viene a calmar mis tristezas y dolor causados por (x) razón. Al encomendarle a Dios mis lágrimas y mi confianza, se alivia mi tristeza y mi fe se fortalece; entonces, tomo de nuevo mi vuelo. Al adorarlo de rodillas cada mañana, la presencia de

Dios es más real y sentimos Su consuelo en medio de nuestra tristeza.

Dios fue, es y seguirá siendo bueno por la eternidad, alabarlo por lo fiel que fue en el pasado genera esperanza de que volverá a demostrar Su fidelidad en el presente y en el futuro. No tiene nada malo llorar cuando estamos tristes y cuando alabamos al Señor siempre nos quebrantamos. A veces, el llanto es parte de nuestra adoración y entrega a Él.

"echando toda vuestra ansiedad sobre él, porque él tiene cuidado de vosotros."

(Reina-Valera, 1960, 1 Pedro 5:7)

Para esto es importante identificar versículos que nos reconfortan: En momentos de tristeza, es un consuelo alabar a Dios utilizando algunos Capítulos o Versículos conocidos y especiales para ti. Algunos de mis preferidos son los Salmos: 27, 34, 46, 91, Juan 15, Isaías 26, entre otros. Igualmente, caminar libera las tensiones y la adoración fortalece la fe. Si las combina, le levantarán el ánimo. Atrévase.

Esto lo aprendí durante una época particularmente difícil. Cada noche, antes de irme a dormir, grababa de tres a cinco cosas que habían ocurrido ese día por las que me sentía agradecida. Después de alabar a Dios por cada una, me podía dormir más animada.

Cuando el apóstol Pablo dice: "Llénate del gozo del Señor siempre", no se refiere a hacerlo solo cuando todo va bien. Aun cuando la situación está muy mal, la Biblia nos enseña que podemos estar contentos si recordamos algo muy sencillo: Preocuparnos no mejora la situación. Es como remar en contra de la corriente. Más bien, es una reacción condicionada. La aprendemos de nuestros padres o de nuestros amigos, aprendemos por experiencias vividas. Lo bueno es que, si podemos aprenderla y adoptarla, podemos olvidarla.

"Así que, no os afanéis por el día de mañana, porque el día de mañana traerá su afán. Basta a cada día su propio mal."

(Reina-Valera, 1960, Mateo 6:34)

Es decir: Viva un día a la vez. No debemos adelantarnos o ganarle ventaja a Dios. Él lo sabe todo y le dará lo que necesita para su sustento de cada día y aún más allá de lo que pueda imaginar.

En lugar de preocuparnos, utilicemos el tiempo para orar. Si orara tanto como se preocupas, tendría muchas menos preocupaciones. ¿A Dios le importan todas las cosas que necesita para su sustento diario?

Sí. Le interesa cada detalle de su vida, claro que sí. Eso quiere decir que puede encomendarle a Dios todos sus problemas.

Cuando ore, hágalo con gratitud. La emoción más sana no es el amor, sino la gratitud. Hasta fortalece el sistema inmunológico. Nos da resistencia al estrés y nos hace menos susceptibles a las enfermedades. Los que estamos agradecidos, somos felices. Debemos dar gracias a Dios todo el tiempo

Si quiere reducir el nivel de preocupación en su vida, debe adoptar nuevos pensamientos, porque los pensamientos generan las emociones y las emociones determinan las acciones. La Palabra enseña que, si quiere transformar su vida, debe pensar en otras cosas que edifiquen su Alma, alimenten su espíritu y renueven todo su ser, además de pensar en cosas buenas. Debemos decidir que vamos a pensar en lo positivo, reflexionar y meditar todo el tiempo. Todos nos sentimos, muchas veces, agobiados y cansados, necesitamos a alguien que nos ayude a aliviar esa carga. Pueden ser las palabras inspiradoras de un amigo íntimo, la música, pareja, etc. Pero, sean cuales sean las circunstancias, podemos siempre confiar en que Dios será fiel. Él nos iluminará y, cuando se lo pidamos, nos ayudará a superar los malos momentos. Si está teniendo un mal día hoy, o si sabe de alguien que anda mal, esto lo puede o nos puede aliviar.

*"Claman los justos, y Jehová oye,
Y los libra de todas sus angustias"*

(Reina-Valera, 1960, Salmos 34:17)

"Fíate de Jehová de todo tu corazón, Y no te apoyes en tu propia prudencia. Reconócelo en todos tus caminos, Y él enderezará tus veredas."

(Reina-Valera, 1960, Proverbios 3:5-6)

Un regalo del Señor y la vida solo para usted es amarlo a Él y a usted mismo. Atesórelo en su corazón

¡Fe, paz, amor, valentía y perseverancia, hasta el final!
Sueñe todo el tiempo, es gratis.
Practique el bien. Excelente.
Viva el presente, el mañana es incierto.
Agradezca lo que tiene. Siga caminando.
Cuide sus relaciones personales.
Son un Tesoro.
Diferencia entre aquello que depende de usted y, lo que no, suéltelo
Viva y sonría todo el tiempo, es medicina para el alma.
Aproveche su tiempo. Es suyo y de Dios.

Haydee

¿Cuánto amamos la naturaleza y por qué es importante para Dios y nosotros?

"Y los bendijo Dios, y les dijo: Fructificad y multiplicaos; llenad la tierra, y sojuzgadla, y señoread en los peces del mar, en las aves de los cielos, y en todas las bestias que se mueven sobre la tierra."

(Reina-Valera, 1960, Génesis 1:28)

Cuando Dios le dijo al hombre "fructificad y multiplicaos; llenad la tierra y sojuzgadla", Dios no quería que nadie maltratara a ninguna persona, Dios quería que la tierra fuese tratada con amor y, como yo digo, cuidarla con ternura. ¿Sabía usted que la naturaleza es importante para nuestra salud física, espiritual y mucho más? Como yo digo, para todo. La naturaleza señala la grandeza de Dios.

En primer lugar, en la naturaleza, Dios se revela a sí mismo. Saber cuán lejos están de nosotros y ver la inmensidad de nuestras galaxias, hace que queramos adorar al Creador. Puedes ver Su poder y Su grandeza y, sin embargo, Él conoce a todos sus hijos en este pequeño planeta por su nombre.

"Cuando veo tus cielos, obra de tus dedos, La luna y las estrellas que tú formaste, Digo: ¿Qué es el hombre, para que tengas de él memoria, y el hijo del hombre, para que lo visites?"

(Reina-Valera, 1960, Salmos 8:3-4)

"Tuyos son los cielos, tuya también la tierra; El mundo y su plenitud, tú lo fundaste."

(Reina-Valera, 1960, Salmos 89:11)

Cada detalle muestra la mano de Dios, no solo las grandes cosas hablan de la grandeza del Señor. Cuando se toma el tiempo para estar realmente en la naturaleza y mira de cerca las cosas que lo rodean, como las flores, insectos, pájaros, vegetación, etc., puede ver con cuánto amor y sabiduría cada pequeño detalle está diseñado. Dios puso tanta belleza y gozo en Su mundo que, aunque el quebrantamiento del pecado también ha afectado a la naturaleza, todavía hay muchas cosas que reflejan quién es Él y cuánto le importa todo.

"Los cielos cuentan la gloria de Dios, Y el firmamento anuncia la obra de sus manos. Un día emite palabra a otro día, Y una noche a otra noche declara sabiduría. No hay lenguaje, ni palabras, Ni es oída su

voz. Por toda la tierra salió su voz, Y hasta el extremo del mundo sus palabras."

(Reina-Valera, 1960, Salmos 19:1-4)

Toda la creación adora al Creador; plantas y animales, arroyos, océanos y montañas, al ser lo que son, honran a quien los hizo. Si escuchas bien, puedes oír un gran coro de elogios surgir de la naturaleza. Escucha el sonido.

"Los pastizales del desierto se ven rebosantes, y las colinas se revisten de alegría; los llanos se saturan de rebaño y los valles se tapizan con trigales. ¡Todo canta y lanza gritos de júbilo!"

(Reina Valera Contemporánea, Salmo 65: 12-13)

La naturaleza muestra un Dios cariñoso y amoroso, el suyo es amor sin injusticia, porque el reino de Dios es amor, así como lo es Su carácter.

"He aquí que os he dado toda planta que da semilla, que está sobre toda la tierra, y todo árbol en que hay fruto y que da semilla; os serán para comer."

(Reina-Valera, 1960, Génesis 1:29)

El amor de Dios lo podemos ver en la naturaleza, en la lluvia que recibimos, el sol que nos alumbra, por el mero hecho de respirar. A esto le llamamos nosotros el amor general de Dios. Pero hay un amor selectivo de Dios y es que Él ama a Su creación con todo Su corazón. Eso es así, hermoso, ¿cierto que sí?

La naturaleza contribuye en gran medida a protegernos y sustentar nuestra vida diaria, lo cual, a menudo, no valoramos suficiente. Sin embargo, juega un papel esencial, porque nos proporciona aire limpio y agua potable, ropa, alimentos y materia prima que utilizamos para protegernos.

También nos beneficia al apreciar y contemplar su hermosura, ya que de paso nos invita a relajarnos y respirar su frescura con todo su esplendor. Nos ayuda a mantenernos con una salud física y mental excelente. Se da cuenta de que somos hechura y creación de un Dios que desea lo mejor para nosotros. Todo lo que despierte su curiosidad e interés por conocer y saber un poco más de ella, reduce el estrés y mucho más.

"Tuyos son los cielos, tuya también la tierra; El mundo y su plenitud, tú lo fundaste".

(Reina-Valera, 1960, Salmos 89:11)

"Y ellos, habiéndolo oído, alzaron unánimes la voz a Dios, y dijeron: Soberano Señor, tú eres el Dios que hiciste el cielo y la tierra, el mar y todo lo que en ellos hay;"

(Reina-Valera, 1960, Hechos 4:24)

El amor de Dios lo podemos ver en la naturaleza, la lluvia, el sol, el aire, los pájaros y en toda Su creación

La naturaleza nos ayuda a mantener la salud física y mental. Estar en contacto con ella nos ayuda a recargar energía y relajarnos. Un paseo por la ciudad o descansar en casa no tienen los mismos resultados que salir a caminar por el campo, ir a la playa a tomar el sol, sentir el viento en la cara y estar en contacto con el agua, entre otros. ¿¡Se dan cuenta de que es un regalo de Dios la naturaleza!? Es un Tesoro para disfrutarla, ¿verdad que sí?

Nos permite movernos libremente y observar que todo es hermoso, despierta nuestra curiosidad e interés por conocer y saber un poco más de ella. Quita la tristeza, nos hace sentir que hay vida, la podemos atesorar en nuestros corazones y aún más allá. Es maravilloso. Vamos, demos un paseo con el Señor tomados de la mano.

Disfrutemos de este lindo regalo del Cielo.

Haydee

Cuando salimos del vientre de nuestra madre, ya venimos con propósitos

"Antes de formarte en el vientre, ya te había elegido; antes de que nacieras, ya te había apartado."

(NVI, *Jeremías 1:5*)

Si quiere vivir una vida con metas, sueños, proyectos y maximizar las fuerzas que Dios le ha dado, encuentre maneras de hacer más de lo que hace bien y menos de lo que hace y no le ve provecho. Una razón para esto es que Dios lo creó para ser único y lo conectó para un único propósito. No importa cuál sea, puede descansar en la verdad de que Dios tiene planes sagrados para usted. Le dio forma de antemano para esos planes. Los propósitos de Dios para su vida no comenzaron desde el momento en que nació, ellos comenzaron antes de su nacimiento, cuando lo formó en el vientre de su madre. Es muy cierto. Yo lo creo, ¿y usted?

La forma en que Dios lo moldeó revela cómo quiere usarlo. En otras palabras, si quiere saber lo que se supone que debe hacer con su vida, tiene que mirar atenta y profundamente cómo Dios le ha conectado a todo lo que Él quiere que haga y caminar hacia sus bendiciones. NO mire atrás, solo hacia el frente, y déjese llevar por sus metas y sueños; solo créalo, confíe en Dios y, muy importante, en usted mismo. Sí se puede, atrévase.

Confiemos en el Sabio, Omnisciente, Todopoderoso, Misericordioso, Compasivo y Amoroso Dios, que tiene buenas intenciones para nosotros.

La elección debería ser obvia, pero fracasamos en confiar en Dios porque no le creemos. Allí está el detalle, creer en Dios significa buscarlo creyendo que ya tenemos todo, aunque en el mundo terrenal no lo veamos, esa es la fe. Así, podemos ver nuestros sueños y propósitos ya en nuestras manos. Ver todo como que ya lo tenemos en nuestras manos y no dudar, esa es la fe verdadera.

"Es, pues, la fe la certeza de lo que se espera, la convicción de lo que no se ve."

(Reina-Valera, 1960, Hebreos 11:1)

También es muy importante tener confianza en uno mismo. El propósito del plan de Dios es darnos la felicidad y gozo para atesorarlas en nuestros corazones. Mientras más entendemos Su plan, crecemos en fe. Dios quiere bendecirnos. Él desea dirigirnos, guiarnos y enseñarnos, pero demuestre su fe en Dios comunicándose con Él por medio de la oración. Demos lo mejor de nosotros todo el tiempo.

¡Debemos descansar! Dios tiene planes sagrados para usted y para mí

Al confiar en el Señor, conocer y seguir Su voluntad, recibiremos bendiciones que nuestra mente limitada no puede comprender acá en la tierra. El Padre celestial sabe mejor que nosotros lo que trae felicidad. Al comprenderlo y seguirlo, tendremos la bendición de ser felices y ver todo con fe.

La manera en que Dios lo moldeó revela cómo quiere usarlo. Si desea saber lo que debería hacer con su vida, tiene que mirar atenta y profundamente cómo Dios lo ha conectado a Él. Como yo lo llamo, de corazón a corazón. Escuchemos Su voz.

Haydee

*"Fíate de Jehová de todo tu corazón,
Y no te apoyes en tu propia prudencia."*

(Reina-Valera, 1960, Proverbios 3:5)

Caminar en rectitud y tener un corazón transparente para Dios

*L*a rectitud del corazón es una combinación de todo lo que es bueno y agradable ante los ojos de Dios. Abrace los principios del poder y de la ley de los cielos, mediante la cual todas las cosas de Dios se manejan, controlan y gobiernan. Hay gran simplicidad en la rectitud. Es la firmeza del carácter y la disposición de la conciencia. Este término suele indicar la integridad y la seriedad presente en una persona.

Caminar con integridad de corazón es la virtud que nos permite ser guardados de todo mal, de todo pecado. Así es como podemos ver el testimonio de David.

*"Integridad y rectitud me guarden,
Porque en ti he esperado."*

(Reina-Valera, 1960, Salmos 25:21)

La Integridad puede definirse y lograrse de muchas maneras, pero me atrevo a asegurar que la conciencia que el ser humano tiene de la Integridad y de ser Recto es innata y, por lo tanto, se define como quien tiene temor de hacer daño a los demás.

¿Cómo le parece? ¡Excelente! ¿Verdad que sí? ¡Pues apliquemos este concepto en nuestras vidas, hoy!

"Porque Jehová es justo, y ama la justicia; El hombre recto mirará su rostro."

(Reina-Valera, 1960, Salmos 11:7)

"Luz se ha sembrado para el justo y alegría para los rectos de corazón."

(Reina-Valera, 1960, Salmos 97:11)

La persona de corazón recto excluye de sí la hipocresía, el engaño y todo acto de mala procedencia. Lamentablemente, muchos hemos caído en el engaño de cuidarnos de los hombres, olvidándonos que solo Dios es quien conoce lo que hay dentro del corazón. Dios espera y merece honestidad de Sus hijos.

"He aquí, tú amas la verdad en lo íntimo, Y en lo secreto me has hecho comprender sabiduría".

(Reina-Valera, 1960, Salmos 51:6)

Debemos ser honestos con los demás, ser lo contrario es completamente dañino y causa heridas. Entonces, seamos honestos y sinceros. Es mucho mejor llenar el corazón de amor que llenarlo de odio. Cambiemos el odio por el amor, es mucho más hermoso, ¿cierto?

> *"Martillo y cuchillo y saeta aguda. Es el hombre que habla contra su prójimo falso testimonio."*
>
> (Reina-Valera 1960, Proverbios 25:18)

> *"El que encubre el odio es de labios mentirosos; Y el que propaga calumnia es necio."*
>
> (Reina-Valera, 1960, Proverbios 10:18)

La persona recta es como Dios. ¡Importante! Esta es una gran enseñanza

Rectitud es una palabra muy interesante y singular que encierra un significado que se extiende y abarca todos los atributos de Dios. Entonces, la persona que es justa es como Dios, o posee los atributos de Él. El bien y el mal existen y son contrarios el uno del otro. Entonces, sembremos lo bueno todo el tiempo y recogeremos las grandes bendiciones del Cielo.

Haydee

"Hijo mío, si recibieres mis palabras, Y mis mandamientos guardares dentro de ti, Haciendo estar atento tu oído a la sabiduría; Si inclinares tu corazón a la prudencia, Si clamares a la inteligencia, Y a la prudencia dieres tu voz; Si como a la plata la buscares,

Y la escudriñares como a tesoros, Entonces entenderás el temor de Jehová, Y hallarás el conocimiento de Dios."

(Reina-Valera, 1960, Proverbios 2:1-5)

Cuando se sienta perdido, ansioso. Dios lo alumbra el camino y lo sostiene

Todos nosotros, en algún momento de nuestra vida, nos hemos encontrado en situaciones en las que nos hemos sentido perdidos. Levanto mi mano y no creo que sea la única. Yo lo sé que sí, seamos sinceros.

Cuando nos sentimos que no sabemos qué hacer o por dónde comenzar, hacia dónde ir. De hecho, sentirse perdido en la vida es bastante habitual. En su mayoría, son situaciones que pueden cambiarnos la vida y nos llevan a tomar decisiones importantes, aunque ni siquiera entendemos lo que realmente está pasando. En muchas ocasiones ni le encontramos sentido. ¿Lo creen conmigo? Yo sí lo creo. Para algunas personas, se trata de la pérdida de un ser querido (López, 2023), de un trabajo, romper con una relación amorosa o amistad, problemas con los hijos, sufrir un accidente, ser víctima de una agresión (López, 2023a), divorcio, en fin, tantas otras situaciones que la lista es larga.

En una situación como esa, tendemos a pensar demasiado y nos enfocamos solo en ese punto específico. Empezamos a sentirnos ansiosos sobre cómo vamos a superarlo y, tal vez, al mismo tiempo, tristes o culpables (o ambos) por lo que está sucediendo. Nos cuestionamos o culparnos, y hasta llegamos a tomar medicinas para calmar la ansiedad. Esta no es la solución. Le cuento, esto es algo que me ha pasado a mí y sí es muy cierto, no entendemos absolutamente nada. Pero, ¿cuál debe ser nuestra actitud? Pensar que todo tiene solución y que el Señor siempre tiene el control. No creo equivocarme. Entonces, yo me hablo a mí misma así: "Haydee, tú sabes cómo controlar toda esta situación, recuerda que tú no tienes el control", entrego mi corazón a Él y busco algunos versículos de la Biblia, medito y allí está la respuesta. Lo creen, ¿verdad que sí? ¿Sabías que la Biblia es su propio interprete? Pues sí, se explica a ella misma. ¿Cómo? Le preguntamos por cualquier situación y hay un Capítulo o Versículo para el problema, es demasiado hermoso. Hay uno que me encanta porque abarca todas nuestras situaciones que estamos atravesando en ese momento. Aquí se los dejo:

"Estad quietos, y conoced que yo soy Dios; Seré exaltado entre las naciones; enaltecido seré en la tierra."

(Reina-Valera, 1960, Salmos 46:10)

Aquí, el Señor nos manda a dejar las luchas, la ansiedad, la desesperación; es una afirmación, descansemos y caminemos con fe que Dios hará y nos bendecirá. "Estad quietos" es tradicionalmente interpretado como un mandato para ser reverentes y meditar en las bendiciones de Dios; y, aunque es una buena práctica cristiana el meditar en la bondad de Dios, "Estad quietos" fue en realidad un mandato a "Dejar de luchar". Así que, confiemos en el Señor y nosotros mismos, esto es muy importante. Dios es nuestro amparo y fortaleza.

"Dios es nuestro amparo y fortaleza, Nuestro pronto auxilio en las tribulaciones. Por tanto, no temeremos, aunque la tierra sea removida, Y se traspasen los montes al corazón del mar;"

(Reina-Valera, 1960, Salmos 46:1-2)

He aprendido, en este recorrer por la vida y en mis experiencias muy personales, que las decisiones se toman en un estado de tranquilidad, paz y centradas por lo que realmente queremos; de lo contrario, si lo hacemos apresurados, nunca salen bien. Es mejor "estar quietos", respirar profundo, relajarse, meditar y seguir. Recordemos que nunca estamos solos. El poder de la fe: Aprender a escuchar. Es u decisión. No lo olvides.

El único camino de vuelta a Él es buscarlo. Usted debe elegir si quiere tomarlo

A veces, acudimos a Dios cuando ya no podemos más. Eso está bien, porque *Él* siempre estará allí para nosotros. Pero, qué tal si mejor lo buscamos siempre y como dice la Palabra: Medita de día y noche confiadamente. Segura estoy de que Dios es un buen Padre. Yo lo vivo a diario y nunca me deja sin respuesta. *Él* restaura todo lo que ha pasado en nosotros y nos abraza como un verdadero Papá. Abba. ¡Qué hermoso!

Haydee

"Sino que en la ley de Jehová está su delicia,
Y en su ley medita de día y de noche."

(Reina-Valera, 1960, Salmos 1:2)

"Acerquémonos, pues, confiadamente al trono de la gracia, para alcanzar misericordia y hallar gracia para el oportuno socorro."

(Reina-Valera, 1960, Hebreos 4:16)

*Hoy es un buen día
para hacer un alto
en nuestro camino*

Hable con Dios como un amigo que no quiere avanzar más si Él no va al frente, tampoco caminar más si vamos por el camino equivocado. Debemos caminar tomados de la mano de Dios, creer en Él y en nosotros, que sí podemos alcanzar nuestras metas, bendiciones y sueños.

> *"Y Moisés respondió: Si tu presencia no ha de ir conmigo, no nos saques de aquí."*
>
> *(Reina-Valera, 1960, Éxodo 33:15)*

El Señor nos llena de Su luz y esperanza, cualesquiera que sean nuestras circunstancias, por más grandes que sean. Recordemos que Jesús-Dios es la Luz del mundo, y la luz que está dentro de ti, la que irradias. Es bien importante saber cómo estamos por dentro. La luz de Dios es real. ¡Está a disposición de todos! Tiene el poder para atenuar la punzada de la herida más profunda; puede ser un bálsamo sanador para la soledad y la enfermedad de nuestra alma. En los surcos de desesperación, puede sembrar las semillas de una esperanza más resplandeciente, puede alumbrar los valles de dolor más profundos, iluminar el sendero que tenemos por delante y guiarnos a través de la más oscura noche hasta llegar a la promesa de un nuevo amanecer.

Cuando yo estaba pequeña, mi mamá me decía: "Hija, el poder de la fe es aprender a escuchar", y es muy cierto. Muchas veces estamos pasando tantas cosas y no entendemos nada. Pero, también nos pasa que tampoco oímos la voz de Dios y nos desesperamos por la situación que estamos atravesando. Debemos aprender a escuchar. La fe lo deja avanzar en Victoria total.

"Y vendrán sobre ti todas estas bendiciones, y te alcanzarán, si oyeres la voz de Jehová tu Dios."

(Reina-Valera, 1960, Deuteronomio 28:2)

*Las alturas fueron hechas para usted.
Él nos escucha desde cualquier
lugar que estemos*

Deseo ver con los "ojos del corazón" para así encontrar la luz, paz y la confianza absoluta en Tu amor incondicional siempre, Dios. Las estrellas pueden caer, pero las promesas del Señor permanecerán para siempre. Gracias, Padre, por tanto amor.

Haydee

"¿No está Dios en la altura de los cielos? Mira lo encumbrado de las estrellas, cuán elevadas están."

(Reina-Valera, 1960, Job 22:12)

*Cómo hacer para poder vivir
un tiempo tranquilo, con
alegría, gozo, sueños
y mucho más*

Para lograr la felicidad, primero que nada, debemos ser agradecidos todo el tiempo y aprender a dar las gracias por todo. También debemos evitar compararnos con otros porque ellos tengan más o menos que nosotros, debemos ser nosotros mismos y saber que todo lo podemos lograr. Practicar la amabilidad, dar amor, ser compasivo, honestos, etc. Si podemos ayudar a otros sería perfecto, allí comienza el servicio a Dios y a los demás.

Impulse el contacto social y cuide las relaciones, guarde y ame a su familia, amigos, pareja, etc. Debemos aprender a perdonar siempre, recuerde que un perdón vale más que mil palabras y, de paso, nos sana nuestra alma y todo nuestro cuerpo.

"Antes sed benignos unos con otros, misericordiosos, perdonádoos unos a otros, como Dios también os perdonó a vosotros en Cristo."

(Reina-Valera, 1960, Efesios 4:32)

Debemos recordar algo muy importante: Dios dice en Su palabra que de Él es la venganza. Cierto, ¿verdad que sí? Entonces, ¿por qué guardamos tanto odio y rencor en nuestro corazón que sufre y lo dañamos? Para el Señor lo más importante es el corazón, porque de allí mana la vida. Todo este versículo encierra que cuidemos el corazón. Evitemos que se afecte con emociones dañinas y contrarias al propósito de Dios. Yo siempre le hablo a la gente de que es muy importante cuidarlo, porque es el centro de Dios, Él lo escudriña y mira hasta lo más profundo que allí tenemos y nos da las herramientas para limpiarlo y descontaminarlo para tener, al fin, un corazón limpio y dar lo mejor.

"Sobre toda cosa guardada, guarda tu corazón; Porque de él mana la vida."

(Reina-Valera, 1960, Proverbios 4:23)

"Crea en mí, oh Dios, un corazón limpio, Y renueva un espíritu recto dentro de mí. No me eches de delante de ti, Y no quites de mí tu santo Espíritu. Vuélveme el gozo de tu salvación, Y espíritu noble me sustente."

(Reina-Valera, 1960, Salmos 51:10-12)

Tener un corazón limpio es tener conexión directa con Dios. Es ser y sentir que está dentro de uno mismo y expresarlo en palabras, gestos y actos que engrandecen al que los realiza tanto como a aquellos que son sus receptores. Dios habla a través de un corazón puro de Amor. ¡Cuídalo!

También debemos cuidarnos de tener tan alto concepto de nosotros mismos y tener atributos como estos: Altivez, vanidad, arrogancia, prepotencia, orgullo, arrogancia, etc. Estos agregados no son saludables, afectan todo nuestro cuerpo y nos enferman el corazón. Debemos controlar las frustraciones.

Tengamos una relación íntima con el Señor y con nosotros mismos, yo lo hago y se siente demasiado hermoso. Hable con Dios; sí, Él es nuestro amigo siempre a tiempo y fuera de tiempo. Caminemos en pos de nuestros objetivos, metas, sueños, planes, propósitos, etc.

Cuidemos nuestro cuerpo todo el tiempo; recuerda que somos cuerpo, alma y espíritu y las tres cosas hay que cuidarlas. Comer sano y ejercitarnos es lo mejor para nuestro cuerpo; dormir también es muy importante, a mí me pasa que me pongo a escribir y se me pasan las horas volando y, cuando me doy cuenta, ya es media noche, y eso no debe ser así, porque el cuerpo necesita descansar.

¡Limpiemos nuestra Alma! Y ustedes me preguntarán, ¿cómo limpio mi alma? Esta es una gran pregunta. Sanando todo lo que nos carcome los huesos y nos enferma, sacando todo lo negativo de nuestro corazón como la falta de perdón, ira, rencor, orgullo, entre otros, y depositar en él solo las cosas lindas, sanas, alegrías y más. Rodéate de personas positivas que le aporten cosas lindas para su vida y progreso.

Viva agradecido y dé gracias a Dios todo el tiempo y siga esperando las ricas bendiciones que Dios tiene al final del camino. No se queje, ya que no es bueno y retrasa las bendiciones. El Señor nunca llega tarde, ¡espérelo! Abra sus brazos.

Dios conoce lo más mínimo de su íntimo Corazón, ¿qué tal? Es muy cierto que Él sabe todo de usted antes de que hable o piense. No lo podemos engañar en ningún momento. Vivamos con Integridad Total.

"Júzgame, oh Jehová, porque yo en mi integridad he andado; He confiado asimismo en Jehová sin titubear. Escudríñame, oh Jehová, y pruébame; Examina mis íntimos pensamientos y mi corazón.

(Reina-Valera, 1960, Salmos 26:1-2)

¡Recuerde! El Mundo no es suyo, aquí solo estamos de paso y Dios tiene el control total y absoluto

El gozo está destinado a ser un sello distintivo en la vida de las personas. Es un fruto del Espíritu Santo y un don de Dios. Recibimos mejor este regalo cuando nos enfocamos en la verdad de quién es Dios y quiénes somos nosotros, cuando tenemos comunión con Él a través de la oración, meditación, intimidad, refugio, creer en Él y en nosotros también. Sigamos caminando con FE al frente de la batalla para poder obtener la Corona de Victoria. Vivamos agradecidos y demos gracias todo el tiempo. Amén.

Haydee

"Por nada estéis afanosos, sino sean conocidas vuestras peticiones delante de Dios en toda oración y ruego, con acción de gracias. Y la paz de Dios, que sobrepasa todo entendimiento, guardará vuestros corazones y vuestros pensamientos en Cristo Jesús."

(Reina-Valera, 1960, Filipenses 4:6-7)

¿No tiene la dirección de su vida? Siga caminando hacia sus propósitos y sueños

Debemos hacer un plan para recuperar la dirección hacia dónde nos dirigimos. Enfrente lo que salió mal. Escriba todas las cosas que salieron equivocadas y deséchalas de tal manera que estén expuestas frente a usted explícitamente. Sea honesto acerca de lo que realmente pasó en lugar de acusarse o cuestionarse, es un error acusarnos y eso no nos deja avanzar, porque siempre nos sentiremos culpables.

También puede estar desorientado, perder la cabeza o, simplemente, desenfocarse. A veces, cuando uno pierde el rumbo o dirección, se encuentra a sí mismo. Debe hacer un alto en el camino, reflexionar y establecer nuevas metas hacia un proyecto de vida definido a corto, mediano y largo plazo. Esta es la mejor brújula para avanzar.

Muchas veces nos cuestionamos tanto y, por qué no decirlo, a Dios también. "No sé qué hacer con mi vida", "¿Por qué me sucede esto a mí?", etc. Entiendo perfectamente cómo te sientes porque yo también sé lo que es. Sin embargo, nos resistimos a creer que todo lo que nos pasa es una oportunidad más para crecer y hacer cosas nuevas. ¿¡Sabe algo!? Nada es para siempre, aquí en la tierra solo estamos de paso y, aunque pareciera que todo se nos derrumba y que esta situación de incertidumbre va a ser eterna, no, nada dura eternamente.

Todo lo que nos pasa en la vida es una oportunidad para crecer. Solo nos queda desechar lo malo o negativo que nos ocurrió y tornarlo en positivo o, mejor, como yo siempre he dicho, lo oscuro no existe, porque para Dios siempre hay luz y Él es luz. Eso es lo que siempre quiero ver al final de mi camino y usted también. Apliquemos esta ley. Siempre funciona.

Cuando nos sentimos perdidos, podemos estar tristes, cansados, desmotivados, con ira, frustrados, no querer seguir y nos dejamos vencer por lo que no hemos visto. Sigamos hacia la victoria y bendición que Dios nos tiene al final de una espera en Él. Sí podemos.

Sé que hay algo que debemos cambiar para dejar de sentirnos así, pero, ¿usted no sabe cómo hacerlo?, pues atrévase a saltar el muro que lo está parando, derríbelo, que sí se puede, y camine con fe hasta llegar y tocar la cima de la montaña. ¿Ve? Es demasiado hermoso creer y confiar.

Está claro que, si está escuchando o leyendo este hermoso mensaje, es precisamente porque no sabe qué hacer con su vida. Yo me pregunto: ¿Qué está haciendo para saber qué hacer con ella? Ha perdido la ilusión por todo y ve que el resto del mundo vive una vida aparentemente feliz y segura, mientras usted tienes más temores y ese miedo no lo deja avanzar. Pero, ¿puedo contarle un secreto? Sí se puede, usted es mayor que todos esos obstáculos. Por eso digo que las crisis son el mejor momento para evolucionar y hacer mejoras en todos los niveles. No deje que el miedo y los temores lo paralicen, vénzalos y se llenará de fortaleza, que le hará implacable. No más miedo. Dale libertad a sus sueños, tome acción y sigua hacia la victoria. Confíe en Dios, en usted también. No se limite.

Le voy a contar algo que viví desde mi temprana edad. Desde muy pequeña, siempre fui una niña tan decidida, centrada, llena de sueños, metas, retos y mucho más (Carrasco Cesteros, 2021). Recuerdo que no entendía cómo las personas desaprovechaban sus vidas en trabajos que no les gustaban o con parejas que les hacían daño, psicológica y físicamente. Comprendí que cada quien es quien debe tomar las riendas de su vida, ¿sabe por qué? Porque Dios es amor en grande, y me lo apliqué. Valorarnos es lo mejor. Amor Agape.

Nuestras metas no pueden ir acompañadas de quejas, lamentaciones como "no es para mí", "no lo podré alcanzar", "lo veo imposible de alcanzar", etc. Debemos cambiar nuestra mentalidad, ser positivos y decir "sí lo puedo hacer".

Recuerde, de los errores se aprende y dar gracias por la inmensidad de cosas que tiene y cambiará su vida. Hacer algo por los demás, aprovechar el tiempo para cuidar de su persona física y espiritualmente, ámese cada día como ama a Dios y a los demás, es muy importante.

En resumen, si todavía no sabe qué hacer, tiene ante usted una gran oportunidad para perseguir sus sueños. Tiene todas las posibilidades a su alcance. Aprovéchelas y atesórelas en su corazón. Nunca es tarde, solo créalo.

Pase la barrera de los obstáculos avance hasta lograr su propósito

Cada dificultad en la vida nos presenta la oportunidad de invocar nuestros propios recursos internos sumergidos. Las pruebas que soportamos pueden y deben ayudarnos a ser fuertes, tener fortaleza total.

Todas las personas tienen que enfrentar obstáculos. Lo que haga con los obstáculos va a determinar el éxito que tendrá. Por muchos que se atraviesen en su camino, no deje de confiar en Dios y en usted. Él y usted son los dueños del camino al éxito.

Haydee

"Antes, en todas estas cosas somos más que vencedores por medio de aquel que nos amó."

(Reina-Valera, 1960, Romanos 8:37)

Dios es eterno, la naturaleza es hermosa y divina, aquí en la tierra todo es temporal

La naturaleza de Dios es divina. Es la perfección, la personalidad, gloria, poder y santidad no solamente del Padre, sino también del Hijo, Jesucristo, pues Él ha participado de la "plenitud" y ha llegado a ser como el Padre en todo sentido.

Este punto de vista indica que Cristo (Dios) posee dos naturalezas, la divina y humana, que están unidas en una misma persona, Jesucristo, sin que ninguna de las naturalezas pierda sus propiedades ni su individualidad, pero sin estar separadas.

Dios nos enseña que la naturaleza es breve, temporal y transitoria en la vida terrenal. La vida se describe como un vapor se esfuma rápidamente, corre rápido en un soplo de aliento y un rastro de humo. Nosotros nacimos ayer y no sabemos qué será del mañana, pero, como yo digo, el día es hoy, el ayer ya pasó y el mañana es incierto. Es así de simple, por qué planificamos el mañana y solo Dios lo fija y dirige, recordemos que aquí en la tierra solo estamos de paso y el tiempo es transitorio. ¿Qué quiere decir todo esto? Que aprovechemos el tiempo, la tierra es tan solo una residencia temporal.

Pídale a Dios que le ayude a ver la vida en la tierra a través de Sus ojos.

"Dios mío, hazme saber cuál será mi fin, y cuánto tiempo me queda de vida; hazme saber cuán corta es mi vida. Me has dado una vida muy breve, ¡tan breve que no es nada para ti! ¡Nadie dura más que un suspiro! Nuestra vida es pasajera; de nada nos sirve amontonar riquezas si al fin y al cabo otros se quedarán con ellas."

(*Traducción en el lenguaje actual, Salmos 39:4-6*)

La Biblia compara constantemente la vida en la tierra con vivir un destino final. Estás aquí de paso, visitando la tierra. Se emplean términos como "extranjero", "peregrino", "advenedizo", "extraño", "visitante" y "viajero", para describir nuestra corta estadía en la tierra. El salmista dijo: "Estoy de paso en este mundo". El Señor nos recuerda que aquí estamos de paso y nuestra ciudadanía está en el Cielo.

"No ruego que los quites del mundo, sino que los guardes del mal. No son del mundo, como tampoco yo soy del mundo".

(*Reina-Valera, 1960, Juan 17:15-16*)

Nos estamos preparando para algo mejor. Un pez nunca podría sentirse bien viviendo en la tierra porque fue creado para el agua. Un águila no se sentiría realizada si no se le permitiera volar. Nunca se sentirás completamente satisfecho en la tierra porque fue creado para cosas mayores. Solo el amor de Dios en nosotros hace que podamos amar a otros y atesorar el regalo del Señor todo el tiempo en el corazón. Por eso, nos creó para cosas más grandes y nuestra vida aquí en la tierra es para atesorar el regalo de Él en nuestros corazones.

Saber que la vida aquí en la tierra es un regalo de Dios, valorarla y seguir el camino que Él nos ha enseñado de rectitud, metas, sueños y propósitos y obtener la victoria todo el tiempo, no debemos concentrarnos y conformarnos con coronas temporales, sino eternas. Pero solo el Señor sabe cuándo será el fin de nuestra vida.

Hay cosas y lugares que son eternos y otros que son temporales. Por ejemplo, el cielo y el infierno son lugares eternos, pero la tierra y todo lo que hay en ella es temporal. Dios es nuestro Eterno Señor Celestial. Todo lo demás en este mundo es pasajero y temporal.

Necesita dirigir su enfoque hacia lo que realmente importa: lo eterno y lo que atesora en su corazón con un amor sin condiciones, sutileza, ternura, compasión, transparencia y más, esa es la mejor vida. Deténgase a pensar qué es lo más valioso, ¡la Victoria!

Es una Esperanza. Si tenemos que pasar por luchas, debemos recordar que la lucha y el sufrimiento son parte del proceso, Dios las permite para que aprendamos a ver Su camino y a confiar. Dios nos pasa por el fuego, pero no es para quemarnos, sino para purificarnos y que seamos semejantes a Él. Nos pasa por agua no para ahogarnos, sino para limpiarnos.

"para que sometida a prueba vuestra fe, mucho más preciosa que el oro, el cual, aunque perecedero se prueba con fuego, sea hallada en alabanza, gloria y honra cuando sea manifestado Jesucristo,"

(Reina-Valera, 1960, 1 Pedro 1:7)

Dios sabe que el oro mientras, más fuego soporte, más brilla; y eso es lo que Dios quiere para nosotros, que brillemos siempre y que esa Luz nunca se apague.

¡Atesoremos en el corazón todas las maravillas que el Señor nos ha regalado!

¿Se puede definir la naturaleza y la esencia del Dios infinito? No solo son sus caminos inescrutables, también Su naturaleza y Ser sobrepasan nuestra comprensión. Sin embargo, Dios nos ha revelado lo suficiente de su naturaleza esencial para poder servirle y adorarle. Es Ilimitado, Invariable, Infinito, Eterno, Omnipotente. Su amor va más allá de lo imposible. Es un amor incondicional, lo da todo sin nada a cambio. Atesórelo en su corazón.

Haydee

"Este es el mensaje que hemos oído de él, y os anunciamos: Dios es luz, y no hay ningunas tinieblas en él."

(Reina-Valera, 1960, 1 Juan 1:5)

"Él es la imagen del Dios invisible, el primogénito de toda creación. Porque en él fueron creadas todas las cosas, las que hay en los cielos y las que hay en la tierra, visibles e invisibles; sean tronos, sean dominios, sean principados, sean potestades; todo fue creado por medio de él y para él."

(Reina-Valera, 1960, Colosenses 1:15-16)

Cómo agradar a Dios y no a los hombres. Qué nos enseña acerca del corazón

> *"Sobre toda cosa guardada, guarda tu corazón; Porque de él mana la vida."*
>
> (Reina-Valera, 1960, Proverbios 4:23)

Cada ser humano tiene una custodia de su corazón para que no pueda ser esclavo de sentimientos dañinos o situaciones difíciles que nos roban la vida y, muchas veces, la paz. Es preciso estar alerta de todo lo que permitimos entrar y atesorar en nuestro corazón, porque de la abundancia que hay en él hablaremos cosas buenas o malas.

Empecemos a reconocer que Dios siempre se comunica con nosotros de diferentes maneras. Sabemos que Él es demasiado fiel y desea lo mejor para Sus hijos; muy cierto, ¿verdad que sí?

Nuestra relación y comunicación con Él es muy importante, por eso debemos acudir a Él con reverencia y una actitud llena de humildad, orar con sinceridad y escudriñar la palabra, caminar en rectitud, etc., ya que solo Él es digno de adoración. Ser auténticos cuando vayamos a Su presencia para que nuestro Padre nos comprenda es importante. No hace falta gritar, ni hablar mucho y, como yo digo, ni siquiera es necesario decirle nada porque Él sabe todo. Dios ve lo escondido de nuestro corazón. Allí penetra para sacar todo lo que nos agobia y no nos deja avanzar.

¿Qué le agrada más al Señor de nosotros? Cuando venimos con un corazón agradecido, arrepentido y dejamos que Él nos toque, abrace con Su amor y ternura:

"Con cuerdas humanas los atraje, con cuerdas de amor; y fui para ellos como los que alzan el yugo de sobre su cerviz, y puse delante de ellos la comida."

(Reina-Valera, 1960, Oseas 11:4)

Veamos lo que significa la palabra "agradar": Complacer, contentar, gustar, sentir agrado, ser amable, amar a las personas incondicionalmente, amar y amarnos a nosotros mismos, etc. No es lo mismo "agradar" a una persona que "gustarle", son dos cosas diferentes, aunque se parezcan. Agradar es, por ejemplo: "Me agrada tu forma de ser". Gustarle es sentir atracción por alguien o algo.

¿Qué quiere el Señor de nosotros? Que tengamos un buen corazón, bello, con templanza, cooperación, empatía y esa humanidad comprometida que toma partido de los demás, que no duda a veces en hacer ciertas renuncias para beneficiar a quienes ama y respeta.

"idolatría, hechicerías, enemistades, pleitos, celos, iras, contiendas, disensiones, herejías, envidias, homicidios, borracheras, orgías, y cosas semejantes a estas; acerca de las cuales os amonesto, como ya os lo he dicho antes, que los que practican tales cosas no heredarán el reino de Dios."

(Reina-Valera, 1960, Gálatas 5:20-21)

"Porque del corazón salen los malos pensamientos, los homicidios, los adulterios, las fornicaciones, los hurtos, los falsos testimonios, las blasfemias."

(Reina-Valera, 1960, Mateo 15:19)

El corazón, para Dios, en estos textos, es el asiento de las actitudes, emociones y de la inteligencia. Se refiere a la mente, los pensamientos, sentimientos y al intelecto en general. Con ello, espera encaminar a sus hijos para que tengan una comunión con Él de manera permanente.

La persona con buen corazón siempre prefiere la templanza, cooperación, empatía, compasión y esa humanidad comprometida que se preocupa por los demás, no duda en hacer ciertas renuncias para beneficiar a quienes ama y respeta. Dios le agrada lo que hacemos y lo ve con ojos de amor. Pide que seamos auténticos. Escuché decir un día que "el bien no hace ruido, el ruido no hace bien". Para que el Señor nos comprenda, no hace falta gritar, ni hablar mucho, ni siquiera decírselo. Él ve en lo escondido, ve el corazón y comprende. ¡Cómo le parece! Hermoso, ¿verdad?

La Biblia afirma que nuestro Tesoro está allí donde tenemos el corazón; si nuestro corazón está con Dios, el Tesoro será la Palabra capaz de moldear nuestras acciones y sentimientos que nos lleve a tener un estilo de vida, libre de afán de tener y acumular bienes que se destruyen con la herrumbre, con el óxido y moho). Dios quiere que seamos nobles y sin maldad, porque esto corroe el Alma. No es que sea malo tener dinero, lo malo es el amor hacia él y la avaricia.

"El corazón tranquilo da vida al cuerpo, pero la envidia corroe los huesos."

(NVI, *Proverbios 14:30*)

"Asentando después la olla vacía sobre sus brasas, para que se caldee, y se queme su fondo, y se funda en ella su suciedad, y se consuma su herrumbre. En vano se cansó, y no salió de ella su mucha herrumbre. Solo en fuego será su herrumbre consumida."

(Reina-Valera, 1960, Ezequiel 24:11-12)

El corazón que agrada a Dios es transparente, ya que es conforme al de Él

¡La vida que agrada a Dios!

Seamos sinceros de corazón con el Señor y con nosotros mismos, pero debemos cuidarlo.

"Sobre toda cosa guardada, guarda tu corazón; Porque de él mana la vida. Aparta de ti la perversidad de la boca, Y aleja de ti la iniquidad de los labios. Tus ojos miren lo recto, Y diríjanse tus párpados hacia lo que tienes delante."

(Reina-Valera, 1960, Proverbios 4:23-25)

"Por lo demás, hermanos, os pedimos encarecidamente en el nombre del Señor Jesús que sigan progresando en el modo de vivir que agrada a Dios, tal como lo aprendieron de nosotros. De hecho, ya lo están practicando."

(NVI, 1 Tesalonicenses 4:1)

Tener un pensamiento perseverante y positivo. ¿Por qué es importante?

La palabra perseverancia es firmeza y constancia en la manera de ser o de obrar y requiere sentido común, a cambio de contar con el valor de saber que obtendremos el gozo de luchar por lo que queremos y hemos soñado. Tal vez no lo logremos de inmediato, incluso, muchas veces, no logremos algo en el final. Pero ¡Buenas noticias! Es importante disfrutar el camino. ¿¡Verdad que sí!? Pero no paremos de seguir la línea de nuestros sueños, que al final del camino, obtendremos la Victoria.

El secreto de todo es: Conocernos a nosotros mismos, conservar la perspectiva, mantener el objetivo a la vista, da un paso más al frente y todo irá muy bien, confiando en Dios y en nosotros también.

"Tú guardarás en completa paz a aquel cuyo pensamiento en ti persevera; porque en ti ha confiado. Confiad en Jehová perpetuamente, porque en Jehová el Señor está la fortaleza de los siglos."

(Reina-Valera, 1960, Isaías 26:3-4)

Cuando hablamos de perseverancia, valdría la pena tomar un papel, escribir nuestra visión, sueños y ver nuestros propósitos en cada día que pasa. El problema con los propósitos es que siempre decimos: "Nunca lo lograré", "no será para mí" y "cómo lo hago". Son limitaciones y negatividad. Por otro lado, a veces no conocemos a fondo nuestras capacidades (o falta de ellas) para poder establecer objetivos que realmente podamos alcanzar. Estos problemas son muy ciertos. Pero sigue, no pare. Sí se puede, solo renueve su mente.

Ser perseverantes nos ayuda a lograr pequeñas o grandes cosas. Generalmente, existen personas que ven los objetivos alcanzables reales; otras lo ven muy lejos y, a lo largo del camino, se van desanimando de lograr aquella meta propuesta. Creo con firmeza que cada intento le dará una dosis de seguridad de valor, carácter y aprendizaje. Cuando se cumpla el objetivo habrá hecho un trabajo de perseverancia y quien persevera triunfa, no lo olvidemos.

"Y no solo esto, sino que también nos gloriamos en las tribulaciones, sabiendo que la tribulación produce paciencia; y la paciencia, prueba; y la prueba, esperanza; y la esperanza no avergüenza; porque el amor de Dios ha sido derramado en nuestros corazones por el Espíritu Santo que nos fue dado."

(Reina-Valera, 1960, Romanos 5:3-5)

Debemos mantenernos constantes en lo que ya hemos empezado, así como en una manera de ser y proceder. Por ello, la disciplina, motivación y saber en cual dirección quieres o queremos llegar. Tiene un papel fundamental para lograr nuestras metas. Es muy importante que no veamos para los lados ni escuchemos consejos negativos. Sigamos siempre al frente de la batalla y positivos. Le aseguro que triunfará. Atrévase, todavía hay tiempo.

Perseverar hasta el fin sin desmayar. Sí se puede. Que nadie apague sus sueños

"No perdáis, pues, vuestra confianza, que tiene grande galardón; porque os es necesaria la paciencia, para que, habiendo hecho la voluntad de Dios, obtengáis la promesa."

(Reina-Valera, 1960, Hebreos 10:35-36)

"orando en todo tiempo con toda oración y súplica en el Espíritu, y velando en ello con toda perseverancia y súplica por todos los santos;"

(Reina-Valera, 1960, Efesios 6:18)

Pídeme, y te daré por herencia las naciones

(Reina-Valera, 1960, Salmo 2:8)

Qué promesa tan hermosa, afirmante y con autoridad. En esta promesa, Dios está afirmando que los dominios del Mesías no tendrían límites. ¿Qué le parece? ¿Sabe algo? Así es nuestro Padre con todos Sus hijos. Pero lo único que tenemos que hacer es confiar, creer en Sus promesas y en nosotros mismos. ¿Está de acuerdo conmigo?

"Y se le apareció Jehová a Salomón en Gabaón una noche en sueños, y le dijo Dios: Pide lo que quieras que yo te dé. Y Salomón dijo: Tú hiciste gran misericordia a tu siervo David mi padre, porque él anduvo delante de ti en verdad, en justicia, y con rectitud de corazón para contigo; y tú le has reservado esta tu gran misericordia, en que le diste hijo que se sentase en su trono, como sucede en este día."

(Reina-Valera, 1960, 1 Reyes 3:5-6)

Dios se le manifiesta a Salomón, porque quiere saber lo que hay en su corazón. ¡Qué tremendo esto! En la respuesta que surge espontáneamente del alma, me doy cuenta de la calidad de mi corazón. Eso es así. Dios siempre llega al corazón donde deben estar las mejores intenciones y pensamientos.

Allí donde usted está y con la mano en su corazón, ¿qué le quiero pedir a Dios en este momento? Me dice que le pida lo que quiera, o sea, cualquier cosa, sin importar lo grande que sea, es demasiado hermoso. Le aseguro que ocurrirá el milagro que anhelaba, si lo cree con el corazón. No lo dude. Pero, Dios no es como una máquina que dispensa cualquier cosa, obedeciendo nuestras órdenes. Él no es automático, al menos en la manera en que lo esperas o esperamos.

"Porque yo sé los pensamientos que tengo acerca de vosotros, dice Jehová, pensamientos de paz, y no de mal, para daros el fin que esperáis."

(Reina-Valera, 1960, Jeremías 29:11)

A veces, cuando le pedimos al Señor algo (x) y no lo vemos llegar o realizado, empezamos a renegar y argumentar sin in saber que Dios nos tiene algo mejor de lo que le hemos pedido. A mí me ha pasado y no creo que sea a la única. ¿Verdad no? Entonces, esperemos la gran bendición.

Seamos específicos y escribamos lo que queremos. Por ejemplo: ¿Qué necesito? ¿Qué sueño? ¿Qué desea mi corazón? ¿Qué quiero? No es broma, es cierto. Seamos sabios con nuestras peticiones. Debemos tener prudencia y madurez con nuestras decisiones sin mirar atrás.

"Da, pues, a tu siervo corazón entendido para juzgar a tu pueblo, y para discernir entre lo bueno y lo malo; porque ¿quién podrá gobernar este tu pueblo tan grande? Y agradó delante del Señor que Salomón pidiese esto".

(Reina-Valera, 1960, 1 Reyes 3:9-10)

Salomón solo pidió sabiduría, un corazón dócil para gobernar, un corazón capaz de discernir el mal del bien. ¿Es eso suficiente para vivir tranquilo? Claro que sí, porque del corazón viene todo, lo bueno o lo malo. De nosotros depende que tomemos el camino a seguir, si el bueno o el malo. Por eso su corazón debe ser hermoso y sincero. ¿Está conmigo? Qué bueno. Sabe que, sin sabiduría, sin docilidad, no podemos ser buenos gobernantes y seguir hacia la meta. Dios quiere que seamos felices con aquellas cosas que nos da, por eso es de vital importancia que nos preguntemos, si lo que le estamos pidiendo a Dios realmente nos traerá satisfacción, o es algo que, al obtenerlo, se volverá poco relevante. Dios desea que seamos agradecidos siempre por las cosas que recibimos.

"Y la paz de Dios gobierne en vuestros corazones, a la que asimismo fuisteis llamados en un solo cuerpo; y sed agradecidos."

(Reina-Valera, 1960, Colosenses 3:15)

El que es sabio sabe escuchar antes de hacerse un juicio. Sabe callar y no decir más de lo que es necesario. Sabe esperar su momento antes de tomar una decisión precipitada. La sabiduría que Dios nos da nos hace pacientes, mansos, humildes, alegres, confiados y fieles. Esa sabiduría para vivir es la que le pido a Dios cada día para que sepamos descansar en Él, sin temor a que no se hagan realidad todos los caminos que emprendamos, todos los sueños que anhelamos. No paremos de darle gracias a Dios todo el tiempo y esperar nuestra lluvia de bendiciones al final de una espera en Él, como buenos triunfadores.

Debemos confiar en Dios todo el tiempo y creer en su corazón que tiene su bendición en sus manos. Atesorarla es nuestra mayor riqueza

"Pídeme, y te daré por herencia las naciones, Y como posesión tuya los confines de la tierra."

(Reina-Valera, 1960, Salmos 2:8)

"Porque yo sé los pensamientos que tengo acerca de vosotros, dice Jehová, pensamientos de paz, y no de mal, para daros el fin que esperáis."

(Reina-Valera, 1960, Jeremías 29:11)

Nuestra relación a solas con Dios. ¡Solo tres personas! Dios, el Espíritu Santo y usted

¡Usted me preguntará! ¿Cómo es tener un encuentro a solas con Dios?

Pasar tiempo a solas con Dios libera nuestra mente de distracciones para que podamos concentrarnos en Él y escuchar Su Palabra. Permaneciendo en Él, disfrutamos de la intimidad a la cual nos llama y llegamos a conocerlo verdaderamente. Es demasiado hermoso creer, confiar, abrazarnos de Él y atesorarlo en nuestro corazón todo el tiempo. Muchas veces estamos atribulados y no sabemos qué hacer en esos momentos de tormenta que todos podemos pasar. ¿Verdad que sí? No estamos exentos.

El Señor siempre quiere que Sus hijos acudamos ante el Trono de la Gracia, yo lo hago. Luego de pasar esa experiencia de estar a solas con Él, uno se siente renovado, es demasiado lindo, le encontramos salida a nuestros problemas, por cualquiera razón que sea, como enfermedad, problemas de parejas, los hijos, el trabajo, amigos; en fin, tantas cosas que nos pueden causar problemas que muchas veces no entendemos.

Así es, ante el Trono de Su Gracia confiamos que Él hará. Esa debe ser nuestra confianza y actitud, que cuando estemos postrados en la presencia del Señor, ya todo estará en Sus manos preciosas y sigamos confiando y creyendo. Analicemos lo que dice Hebreos. ¡Es muy importante!

"Por tanto, teniendo un gran sumo sacerdote que traspasó los cielos, Jesús el Hijo de Dios, retengamos nuestra profesión. Porque no tenemos un sumo sacerdote que no pueda compadecerse de nuestras debilidades, sino uno que fue tentado en todo según nuestra semejanza, pero sin pecado. Acerquémonos, pues, confiadamente al trono de la gracia, para alcanzar misericordia y hallar gracia para el oportuno socorro."

(Reina-Valera, 1960, Hebreos 4:14-16)

Nuestro trabajo no puede ser efectivo sin la ayuda de Dios. No está en nosotros. En realidad, el Señor está interesado en usted, en mí y nuestra relación personal con Él, en sus buenas acciones. Dios desea ser la satisfacción y el deleite de sus hijos. Dios quiere que todos nosotros estemos y regresemos al primer amor, ya que, de esa manera, las mentes y los corazones podrán ser renovados y transformados, así serviremos mejor a Él y a los demás con amor sublime y transparente.

> *"No os conforméis a este siglo, sino transformaos por medio de la renovación de vuestro entendimiento, para que comprobéis cuál sea la buena voluntad de Dios, agradable y perfecta".*
>
> (Reina-Valera, 1960, Romanos 12:2)

En realidad, esto de estar en la intimidad con Dios, es más que un estado de nuestra mente y corazón. ¿Qué le parece? Qué hermoso es nuestro Señor. Se trata de una inmersión profunda en la que resalta el poder de Dios y el poder caminar confiados con Él, seguir hacia las metas, bendiciones y tener una razón espiritual para dejarlo todo y tomar unas vacaciones de descanso e irnos con Él. ¿Quién no anhela eso de vez en cuando e, incluso, como yo digo, todo el tiempo? Sueña muy hermoso, ¿cierto? Pues hágalo, no se distraiga con los afanes de la vida y déjese llevar a Su presencia. Hoy me voy a ese tiempo y hago un recorrido cuando tuve mi primera cita con la persona amada y ¡No me diga que usted que no se acuerda! Yo solo quería estar a solas con él y que nada ni nadie nos molestara, también quería que el tiempo se detuviera. Estábamos contemplando las estrellas. Es muy cierto y lindo. La relación con el Señor es aún más hermosa. Allí hay plenitud de gozo. ¡Corra, búsquelo! Nunca querrás irte de Su presencia.

"Me mostrarás la senda de la vida; En tu presencia hay plenitud de gozo; Delicias a tu diestra para siempre."

(Reina-Valera, 1960, Salmos 16:11)

¡Todo mi ser te alaba a ti, Dios! Gracias por tus maravillas y amor incondicional

Alabanza por las bendiciones de Dios
Salmo de David.

"Bendice, alma mía, a Jehová, Y bendiga todo mi ser su santo nombre. Bendice, alma mía, a Jehová, Y no olvides ninguno de sus beneficios. Él es quien perdona todas tus iniquidades, El que sana todas tus dolencias;"

(Reina-Valera, 1960, Salmos 103:1-3)

Tengo que mirar el camino que he recorrido y decir que Dios ha sido demasiado hermoso y fiel conmigo, porque, a pesar de que muchas lágrimas han nublado mis ojos, jamás he dejado de ver su fidelidad, Su amor incondicional todo el tiempo y su pronto auxilio. Amén.

Haydee

Cuando nos trazamos una meta o sueños y caminamos hacia esa dirección, ¡vea lo que pasa!

*E*s importante alcanzar nuestros sueños. A mí, en lo particular, siempre me ha gustado soñar. Como yo digo, soñar es gratis, no hay que pagar. Entonces, sigamos soñando y mirando hacia el frente hacia algo que queremos conseguir o hacer, eso es lo que nos hace avanzar en esta vida y afirmar nuestras ideas. Para sentirnos realizados, debemos tener un propósito, de lo contrario, nos sentiremos perdidos. Uno le da importancia a lo que cree que dará más felicidad y que, al realizarlo, le hará sentir mejor.

Si en lugar de establecer las metas en función de lo que uno quiere lograr, lo hiciera en función de lo que dice la gente cuando lo consigue, no se sentiría realizado ni feliz. Sentiría que ha hecho algo por otra persona. Usted y yo sabemos que estamos viviendo tiempos complicados y demasiados cortos como para estar haciendo lo que otras personas quieran. Sea usted mismo y establezca sus propias ideas y sueños, sin importar el qué dirán ni lo que opinen los demás, sea usted mismo y siga hacia el frente de su bendición. No preste sus oídos a nada negativo que le haga derrumbar sus sueños.

Cada persona tiene metas y sueños distintos. Por lo tanto, cuando logramos nuestros objetivos, también vamos a reaccionar de forma diferente. La motivación y la sensación placentera que sentimos tras haber logrado nuestro objetivo es lo que nos hace avanzar. Nos sentimos bien, llenos de energía, la alegría nos alimenta el corazón y con vitalidad, nos sentimos vivos, pensamos que nos vamos a comer el mundo, hasta nuestro rostro se transforma por el gozo que sentimos por la victoria obtenida. Todo se puede.

"Luego les dijo: Id, comed grosuras, y bebed vino dulce, y enviad porciones a los que no tienen nada preparado; porque día santo es a nuestro Señor; no os entristezcáis, porque el gozo de Jehová es vuestra fuerza."

(Reina-Valera, 1960, Nehemías 8:10)

"Mas el fruto del Espíritu es amor, gozo, paz, paciencia, benignidad, bondad, fe,"

(Reina-Valera, 1960, Gálatas 5:22)

Todo esto nos ayuda a crear nuestras metas, con gozo. ¿Sabía que el GOZO, es una virtud? Pues sí. Es así como tenemos que aprender a definirlas con exactitud para que nuestras acciones estén siempre encaminadas hacia ellas. El camino no será fácil, pero si su sueño es lo suficientemente poderoso, nada ni nadie podrá detenerte. Sí podemos, y llegar lejos es nuestra misión.

No hay barreras, ni límites. Las personas que tenemos sueños y propósitos nos sentimos enérgicos, gozosos, con fuerzas y poder escalar las montañas. Esta situación nos da un empuje para sentirnos que podemos con todo. Aprovecharla para seguir con otras metas que aún no hemos logradas o plantearnos nuevas. Todo esto lo encerramos en no tener miedo y seguir con valentía. Atrévase, Dios lo hace real.

"Y Jehová va delante de ti; él estará contigo, no te dejará, ni te desamparará; no temas ni te intimides."

(Reina-Valera, 1960, Deuteronomio 31:8)

Sentirnos orgullosos de nosotros mismos es el mayor regocijo que podamos atesorar en nuestro corazón, reconociendo el esfuerzo que hemos hecho para llegar y tener la bendición que hemos anhelado.

Todos los sueños que nos propongamos los podemos obtener confiando y creyendo en Dios y en nosotros, ¡esto es muy importante! Mientras estemos vivos seremos capaces de hacer muchas cosas y de obtener nuestros sueños derribando montañas por más grandes que sean. Claro que podemos, si queremos un cambio en nuestras vidas, tenemos que empezar ahora para hacer realidad nuestros sueños. ¡Empieza hoy!

"El corazón del hombre piensa su camino; Mas Jehová endereza sus pasos."

(Reina-Valera, 1960, Proverbios 16:9)

La vida lo puede sorprender en cualquier momento con algo mucho mejor. No se dé por vencido, siga hacia su destino

Busque siempre ese rayo de sol y esperanza para no rendirse nunca, incluso en los días más tristes de su vida. La felicidad llega cuando uno deja de quejarse por los problemas que tiene y empieza a dar las gracias por los problemas que aún no están.

Si la noche está oscura y no puede ver una estrella en el cielo, sea una pequeña luz para quien esté cerca de usted, todo el tiempo llénese de fe, porque la Fe siempre se ríe de lo imposible.

Cada amanecer siempre es una promesa: no importa qué haya pasado ayer, hoy vuelve a salir el sol, hoy puede comenzar de nuevo y con sorprendentes bendiciones, con una FE absoluta y sin dudar.

Haydee

"Es, pues, la fe la certeza de lo que se espera, la convicción de lo que no se ve. Porque por ella alcanzaron buen testimonio los antiguos.

(Reina-Valera 1960 Hebreos 11:1-2)

*La luz verdadera de mi vida,
Dios es luz y siempre brilla
para nosotros*

"Dios es luz" y el Señor Jesús vino a la tierra como la luz verdadera que alumbra a todo hombre, y nosotros somos "Luz en el Señor" exhortados a caminar como "hijos de luz". En medio de las tinieblas, tenemos que resplandecer como luces en el mundo.

"Este es el mensaje que hemos oído de él, y os anunciamos: Dios es luz, y no hay ningunas tinieblas en él. Si decimos que no tenemos comunión con él, y andamos en tinieblas, mentimos y no practicamos la verdad; pero si andamos en luz, como él está en luz, tenemos comunión unos con otros, y la sangre de Jesucristo su Hijo nos limpia de todo pecado."

(Reina-Valera, 1960, 1 Juan 1:5-7)

Juan nos dice que Jesús es la vida, que la vida es alcanzada gracias a la luz de Jesús, que esta nos alumbra con el propósito de que salgamos del estado de oscuridad.

"En él estaba la vida, y la vida era la luz de los hombres"

(Reina-Valera, 1960, Juan 1:4)

Esto significa creer la verdad de Dios como se revela en Su palabra y hacer un esfuerzo sincero y sostenido mediante Su gracia para seguirla de palabra y obra. Eso es así, no debemos permitir que nada ni nadie nos empañe el brillo que nos caracteriza como hijos de "luz en el Señor". Esto no es nada fácil, pero con Dios lo podemos lograr, como ha sido mi caso, que siempre trato de buscar y ver esa "Luz" para poder caminar como Él quiere y seguir Sus pisadas. No dejemos nunca que esa Luz se apague en nuestras vidas, para que brille siempre. Recordemos a cada instante que somos el pueblo de Dios.

"Mas vosotros sois linaje escogido, real sacerdocio, nación santa, pueblo adquirido por Dios, para que anunciéis las virtudes de aquel que os llamó de las tinieblas a su luz admirable;"

(Reina-Valera, 1960, 1 Pedro 2:9)

Seamos Luz. Un mundo en tinieblas necesita la Luz del Creador, siempre

Que Dios ilumine su camino siempre.

Jehová es mi luz y mi salvación. Nosotros somos Sus hijos.

Salmo de David.

"Jehová es mi luz y mi salvación; ¿de quién temeré? Jehová es la fortaleza de mi vida; ¿de quién he de atemorizarme?"

(Reina-Valera, 1960, Salmos 27:1)

Todo empieza con una disciplina. ¿Por qué es tan importante el orden y la planificación?

Nosotros tenemos la tendencia y la sensación de ir siempre con prisa, de no dar abasto, porque queremos hacer todo al mismo tiempo. Error total. Estar muy ocupado, con muchos compromisos tanto profesionales como personales, pero aun así sentir que uno no avanza, que no llegamos a hacer lo que nos proponemos, o que no se hace nada de provecho, es porque muchas veces pensamos que todo tiene que hacerse al mismo tiempo; y sí se puede, pero cuando nos organizamos y planificamos. Así ya cambia el panorama.

Empezar o realizar muchas cosas y no acabarlas nos parece frustrante, ya que sabemos que la regla es: Terminar lo que se empieza y no dejarlo a medias. ¿Está de acuerdo conmigo? ¿Le ha pasado esto a usted? O es a mí a la única que le pasa. No es cierto, a todos nos toca.

Es muy importante tener una buena organización, disciplina y una excelente planificación. Muchas veces tenemos la agenda full hasta desbordarse y no está nada mal, puede que le funcione, pero termina agotado(a) y al final no se cumplió lo pautado en la agenda. ¿Verdad que sí? Entonces, no corra y relájese, de esa manera todo le saldrá bien.

Les puedo estar contando ahora mismo cómo hago para poder aprovechar el tiempo. En mi caso muy particular, me preparo una lista de todo lo debo hacer durante ese día para que ese tiempo sea de provecho. Usted me preguntará, ¿cómo se hace si el tiempo a mí no me alcanza? Escriba por orden de prioridad una por una las diligencias que realizará ese día y verá cómo le va. Yo me digo así: "Haydee, piensa que debes caminar para que el día te alcance", le digo al Señor que me ayude a terminar todo con lo que debo hacer y, sin estrés y con tranquilidad, lo realizo y me sobra tiempo. Sí se puede. Recuerde: Planificación, Disciplina y muchas ganas de terminar el día en Victoria. ¿Cómo le parece? Muy simple, ¿verdad que sí? Hágalo y ponga el plan en acción. Revise su día a día, las actividades que realiza y las cosas que consumen su tiempo y tome nota de ello, es muy importante.

Recuerde que para todo debemos tener una disciplina, eso funciona en lo que a su vida o persona se refiere; preparación para los estudios, proyectos, metas, lo físico, ejercitarse, lucir y sentirse bien, que es necesario para la salud, comer bien... en fin, tantas cosas, pero con disciplina, constancia, perseverancia y logramos todo. Así de simple.

¿Sabe algo? Muchas veces estamos llenos de pequeñas cosas urgentes que no nos dejan lugar para lo que realmente es más importante. Nos llenamos de tantas cosas que pareciera que no hemos hecho nada y nos sentimos cansados y desanimados. ¿Cierto que es así? Sí, puede parecer muy obvio, pero no le es: Planifique, organízece con disciplina y una agenda, que son fundamentales para seguir adelante y lograr los objetivos. ¿Cómo le parece? Yo tomo nota de todo. Trabaje sus ideas con su agenda y escriba todo hasta cuando esté en la clase, seminario, colegio, trabajo, etc. Se trata de conseguir un balance en todo lo que debe hacer el día a día. Sí se puede, si a mí me funciona, a usted también.

Disciplina, planificación, organización. Llevar su agenda para poder lograr su objetivo del día a día. ¡Muy importante!

Agenda, orden y disciplina guardan relación con la excelencia de los resultados, el logro de metas y objetivos, madurez, fiabilidad, solidez, estabilidad, credibilidad, confianza en Dios y en ti.

Se relaciona con salud, poder y felicidad.

Planificar y agendar es lo mejor. Tome la decisión de que, a partir de ahora, aprenderá a ser disciplinado, planificado, usará una agenda y escriba sus tareas del día por orden de prioridad. Sí funciona. Atrévase.

Haydee

El amanecer es demasiado hermoso, el amor es de diferentes colores como el Arcoíris. ¡Es una belleza indescriptible!

La llegada del amanecer deja atrás la oscuridad para poder ver y recibir la claridad. En cada amanecer está la luz de un nuevo día, de una nueva esperanza y, quizás, de una ilusión, un nuevo amor, una nueva vida. Nada tan gratificante como disfrutar de un amanecer desde cualquier punto del planeta.

Expresa confianza, esperanza, belleza, romance, el creer y volver a nacer en aquellos momentos cuando pasamos cosas desagradables y el tiempo nos acosa. Nos recuerda que una visión y un sueño pueden ser muy reales. En fin, una cantidad infinita de emociones que desembocan en una sola palabra, "amanecer", en colores diferentes, como el arcoíris. Hay un cúmulo de nuevas posibilidades, nuevas esperanzas, un nuevo día, una nueva oportunidad, todo es nuevo por vivir y seguir avanzando con sus retos y propósitos. Como siempre digo, soñar es gratis. Entonces, SUEÑE en grande, que nada ni nadie lo detenga.

Soñar representa la oportunidad que se nos brinda de construir un día distinto al anterior y la oportunidad de elegir la actitud que mantendremos con los demás y con uno mismo. Es la frescura de la mente y el espíritu. Es como tener la mente y el corazón de un niño. El amanecer no solo es la salida del sol, sino que, figurativamente, posee infinitas acepciones, desde esperanza hasta nueva vida o luz. Ahora, contemplaremos la hermosura y el esplendor del arcoíris con el amanecer.

El arcoíris tiene su significado: Es la señal del pacto entre Dios y toda Alma viviente en la tierra. Cuando aparece en las alturas, es como si Dios dijera "no les voy a repetir lo del diluvio: quédense tranquilos". ¿Cómo le parece esta promesa? ¡Demasiado bella! ¿Y usted? ¿Ha contemplado la belleza del arcoíris, los colores del amanecer y el atardecer?

"Y dijo Dios: 'Ésta es la señal del pacto que yo establezco entre mí y vosotros y todo ser viviente que está con vosotros, por siglos perpetuos: Mi arco he puesto en las nubes, el cual será por señal del pacto entre mí y la tierra. Y sucederá que cuando haga venir nubes sobre la tierra, se dejará ver entonces mi arco en las nubes. Y me acordaré del pacto mío, que hay entre mí y vosotros y todo ser viviente de toda carne; y no habrá más diluvio de aguas para destruir toda carne."

(Reina-Valera, 1960, Génesis 9: 12-15)

En el Cielo, las gotas actúan como pequeños cristales, y cuando la luz del sol las ilumina de la manera adecuada, la luz se separa en sus colores, formando un arcoíris. Solo podemos ver los arcoíris cuando llueve fuerte o hay una llovizna.

"Y el aspecto del que estaba sentado era semejante a piedra de jaspe y de cornalina; y había alrededor del trono un arco iris, semejante en aspecto a la esmeralda."

(Reina-Valera, 1960, Apocalipsis 4:3)

¡Es una belleza increíble! Usted es muy especial. Viva ese esplendor y maravilla que Dios le regaló

Tenemos todos los motivos para regocijarnos de que Dios reinará en la oscuridad. Veamos la belleza de Dios a medida que avanzamos en nuestras tareas diarias todos los días. Dios nos abre paso en la oración, hay que alabarlo y adorarlo mientras lo contemplamos en la naturaleza, o en la sonrisa de las personas. Demos gracias por las ricas bendiciones que recibimos a diario, grandes y pequeñas.

Hay un excelente esplendor de Dios que ninguno de nosotros ha comprendido completamente. Él es majestuoso en santidad, Omnipotente, Omnisciente en gloria, Obrador de maravillas. ¡Qué tal! Demasiado hermoso.

Es hora de que contagiemos a otros con el esplendor de Su majestad. Es maravilloso.

Haydee

"Alabanza y magnificencia delante de él; Poder y gloria en su santuario. Tributad a Jehová, oh familias de los pueblos, Dad a Jehová la gloria y el poder. Dad a Jehová la honra debida a su nombre; Traed ofrendas, y venid a sus atrios. Adorad a Jehová en la hermosura de la santidad; Temed delante de Él, toda la tierra."

(Reina-Valera, 1960, Salmos 96:6-9)

Nunca debemos sentir temor de ponernos de pie y hacer lo que es correcto delante del Señor

Debemos confiar en el Señor, creyendo que Él es lo suficientemente fuerte y poderoso como para manejar cualquier situación, por más gigante que sea. Nunca tendremos que mirar hacia atrás y huir: Dios lo fortalece y protege, solo párese firmemente sobre sus pies y ore con su corazón para seguir su camino, párese firme y ore. De esta manera, con nuestras oraciones fervientes y confiamos que todo está ya hecho en el mundo espiritual, contagiamos a otros con nuestros testimonios y bendiciones que recibimos a diario. El Señor mismo marchará al frente de usted y estará con usted en todo momento y lugar.

"Y Jehová va delante de ti; él estará contigo, no te dejará, ni te desamparará; no temas ni te intimides."

(Reina-Valera, 1960, Deuteronomio 31:8)

Muchas veces tendemos a desanimarnos y no está mal, ¿está de acuerdo conmigo? Es cierto. Pero Dios nos promete que convertirá cada situación, problema y tristeza, en gozo. Qué hermoso es el Señor, ¿verdad? Pero también dice que tomará nuestras aflicciones con un propósito divino para bendecirnos. Él sostendrá nuestras manos para guiarnos y llevarnos de regreso al lugar de Su paz y gozo. Después de toda esta tormenta, el sol volverá a brillar sobre nosotros. Dios permite que las aguas nos lleguen hasta cubrirnos totalmente, pero no es para ahogarnos, sino para purificarnos. Demasiado hermoso es el Señor, ¿cierto que sí? Así hace Él, que cambia nuestra tristeza en alegría con Su amor sublime.

"Has cambiado mi lamento en baile; Desataste mi cilicio, y me ceñiste de alegría".

(Reina-Valera, 1960, Salmos 30:11)

Esperemos en Él, el tiempo del Señor es perfecto y da para todo con su amor. Muchas veces nos sentimos ansiosos, con dudas y eso no nos deja avanzar para lograr nuestros sueños. Queremos volar o, en fin, tantas cosas. Yo he estado allí, en ese mismo lugar, y no soy la única, ¿verdad que no? El Señor, nos dice que esperemos pacientemente el momento justo para poder recoger nuestra cosecha. Confiemos en que nuestros sueños son mayores de lo esperamos y serán abundantes, porque así es Dios, siempre le da lo mejor a sus pequeños. Llegaremos hasta la cima de la montaña. De esta forma, llega su temporada, porque todo tiene su tiempo debajo del Cielo. Esperemos tranquilos y abramos nuestros brazos para recibir las bendiciones de lo alto.

Todo tiene su tiempo

"Todo tiene su tiempo, y todo lo que se quiere debajo del cielo tiene su hora. Tiempo de nacer, y tiempo de morir; tiempo de plantar, y tiempo de arrancar lo plantado; tiempo de matar, y tiempo de curar; tiempo de destruir, y tiempo de edificar; tiempo de llorar, y tiempo de reír; tiempo de endechar, y tiempo de bailar;"

(Reina-Valera, 1960, Eclesiastés 3:1-4)

Siempre habrá dos caminos delante de nosotros, uno que está bien, que el más frecuentado y el que más nos gusta tomar; y el otro es el que tiene curvas, baches y, como yo digo, subidas y bajadas. Este último está lleno de tristezas, culpabilidad, decepciones y más cosas que, finalmente, nos conducen a la muerte. Entonces, ¿cuál es el camino que usted elegiría? Por supuesto que yo estoy con usted, el camino que nos lleva al amor y afirmación de todos los proyectos que tenemos en nuestras manos. Entonces, debemos mantenernos por el camino correcto hacia el éxito.

"Jehová es mi luz y mi salvación; ¿de quién temeré? Jehová es la fortaleza de mi vida; ¿de quién he de atemorizarme?"

(Reina-Valera, 1960, Salmos 27:1)

Con todo lo que ha leído, ¿qué debemos hacer? Le tengo la respuesta: Entregarle nuestros planes al Señor y confiar que Él hará lo mejor para llevarnos hacia el destino final con éxito total. ¿Cómo le parece? ¿Sabe algo? El Señor nos dice que le entreguemos todo a Él y confiemos. Pero yo digo esto, creamos y tengamos fe en Él y en nosotros también, FE activada, lo que es muy importante. Él nos pide que le demos la oportunidad de cambiar nuestra agenda de un programa común a un programa extraordinario. Así que, dejemos que Él sea el dueño absoluto de todo y seremos más que bendecidos. Dios es nuestro planificador. Solo debemos creer.

"Encomienda a Jehová tus obras, Y tus pensamientos serán afirmados."

(Reina-Valera, 1960, Proverbios 16:3)

Dios siempre mantiene Su palabra y promesas. Él es leal hasta el fin de los tiempos. No lo olvides

"Entonces Jehová respondió a Moisés: ¿Acaso se ha acortado la mano de Jehová? Ahora verás si se cumple mi palabra, o no."

(Reina-Valera, 1960, Números 11:23)

Nunca estamos solos, Dios siempre está presente, atento a Sus hijos, y cuida de Su creación, hasta vela nuestros sueños mientras estamos durmiendo. Está con nosotros dondequiera que vayamos, es nuestro amigo leal y nos ama incondicionalmente. Qué hermoso es nuestro Dios. Abrázalo.

Haydee

"Dios te cuida y te protege, Dios está siempre a tu lado. Durante el día, el sol no te quemará; durante la noche, no te dañará la luna."

(Traducción en lenguaje actual, Salmos 121:5-6)

"enseñándoles que guarden todas las cosas que os he mandado; y he aquí yo estoy con vosotros todos los días, hasta el fin del mundo. Amén."

(Reina-Valera, 1960, Mateo 28:20)

Aliento de Dios, Fe, esperanza, confianza en nosotros mismos, seguir hacia la victoria

Dios promete hacer grandes cosas por los que esperamos en Él. Dios puede intervenir en los acontecimientos de la historia humana a fin de hacer que nosotros hagamos Su voluntad. Nosotros debemos acudir a Él y perseverar en la fe, la esperanza, el amor, la confianza, paciencia y templanza. El Señor debe ser una realidad vital en nuestra vida, hemos de permanecer fieles a Él en la hora de la crisis. ¿Y quién sabe cuándo llagará esa hora? Nadie, ¿verdad que no? La vida y el mundo se mueve a un ritmo tan vigoroso que la necesidad de buscar a Dios nunca ha sido tan apremiante. ¿Está de acuerdo conmigo? Es muy cierto.

"Y ahora permanecen la fe, la esperanza y el amor, estos tres, pero el mayor de ellos es el amor".

(Reina-Valera, 1960, 1 Corintios 13:13)

No hay por qué preocuparse si permitimos que Dios reine en nuestra vida, tengamos seguridad y confianza en nosotros mismos. ¡Yo soy un testimonio de esa FE y bendición! Solo tenemos que rendirnos a Sus pies y Él hará todo lo demás, asumiendo toda responsabilidad por esa vida rendida. Dice el Señor que acudamos a Él cuando estamos cargados y cansados, que Él nos hace descansar.

"Venid a mí todos los que estáis trabajados y cargados, y yo os haré descansar. Llevad mi yugo sobre vosotros, y aprended de mí, que soy manso y humilde de corazón; y hallaréis descanso para vuestras almas; porque mi yugo es fácil, y ligera mi carga".

(Reina-Valera, 1960, Mateo 11:28-30)

La invitación generosa de nuestro Señor es para todos los que estamos sedientos, trabajados y cansados con los problemas, afanes de la vida y los pecados de nuestra propia naturaleza humana, nos invita a dejar que Él guíe nuestra vida. Quienes acudan a Él se conviertan en Su siervo y obedecerán Su dirección, el Señor los librará de sus cargas insoportables y les dará descanso, Paz y a Su Espíritu Santo como guía, para así poder llevar las pruebas e inquietudes con la ayuda y la gracia de Dios. No importa cuál haya sido su pasado. Dios promete en Su palabra que Él le ¡dará un nuevo comienzo y nueva vida, si usted se lo permite!

También nos damos cuenta de que todavía hay mucho que aprender y enseñar a las demás personas, y ese deseo es lo que me ha motivado hoy a compartir con ustedes la plenitud y el poder de Su espíritu derramado sobre Sus hijos, que mora en mí y en usted, porque es nuestro guía. Dios es la fuente de vida absoluta y total de la vida humana, por la eternidad.

"ni es honrado por manos de hombres, como si necesitase de algo; pues él es quien da a todos vida y aliento y todas las cosas."

(Reina-Valera, 1960, Hechos 17:25)

La gracia de Dios nos enseña a renunciar a todas esas cosas que hacen daño a nuestra vida, tales como placeres y los valores impíos del mundo actual, y a considerarlos abominables ante los ojos de Dios. Recuerde lo que Dios nos dice: Debemos cuidar nuestro interior, el Corazón, amar y cuidar nuestro cuerpo y todo lo demás.

El Señor no quiere que seamos desobedientes y que nos acomodemos al mundo actual y a la sociedad que nos rodea, sino que cambiemos la vieja manera de pensar y nos renovemos cada día, abriendo una puerta que jamás nadie pueda cerrar de manera que podamos glorificar y dar gracias a Su nombre y proclamar que ¡Dios está siempre presente!

"Así que, hermanos, os ruego por las misericordias de Dios, que presentéis vuestros cuerpos en sacrificio vivo, santo, agradable a Dios, que es vuestro culto racional."

(Reina-Valera, 1960, Romanos 12:1)

Así es, debemos perseverar y ser fieles al Señor todo el tiempo y Él promete librarnos a la hora de la prueba, haciendo Sus promesas nuestras. Es necesario pasar por pruebas y nuestra fe debe ser probada para que sea confiable y podamos atesorar lo que Dios nos tiene al final del camino. Así que, descansemos y cuidemos nuestro ser.

"En lo cual vosotros os alegráis, aunque ahora por un poco de tiempo, si es necesario, tengáis que ser afligidos en diversas pruebas. Para que sometida a prueba vuestra fe, mucho más preciosa que el oro, el cual, aunque perecedero se prueba con fuego, sea hallada en alabanza, gloria y honra cuando sea manifestado Jesucristo,"

(Reina-Valera, 1960, 1 Pedro 1:6-7)

Dios me enseñó a amar con el corazón. Una de las más grandes virtudes que hay en la vida es: No rendirnos. ¡Sí se puede!

Confiar en Dios es tener la certeza de que Él tiene todo bajo control y, aunque la situación parezca adversa, al final de todo será para nuestro bien y bendición.

Tener fe en Dios no significa que no tendremos problemas. Es saber que no iremos solos al campo de batalla de la vida.

Cómo no creer en Dios, si Él nos regala siempre una luz resplandeciente cada día sin fallar, otra oportunidad de vivir y seguir luchando para lograr nuestros sueños. Que hoy sea un gran día para usted y que la gracia del Señor llene todo su ser.

Haydee

"Porque tú, oh Señor Jehová, eres mi esperanza, Seguridad mía desde mi juventud. En ti he sido sustentado desde el vientre; De las entrañas de mi madre tú fuiste el que me sacó; De ti será siempre mi alabanza."

(Reina-Valera, 1960, Salmos 71:5-6)

¿Cómo hacer si estamos confundidos? Solo nos queda seguir caminando hacia la meta y victoria

Debemos hacer un plan para recuperar la dirección hacia donde vamos. Enfrente lo que salió mal. Anote todas las cosas que salieron equivocadas y deséchelas de tal manera que estén expuestas frente a usted explícitamente. Sea honesto acerca de lo que realmente pasó en lugar de acusarse o cuestionarse, es un error acusarnos, ya que eso no nos deja avanzar. Esto significa salirse de la ruta o camino trazado. También puede estar desorientado, perder la cabeza o simplemente estar desenfocado.

Muchas veces, cuando perdemos el rumbo o dirección, nos encontramos y decidimos hacer un alto en el camino para reflexionar y establecer nuevas metas en un proyecto de vida definido a corto, mediano y largo plazo. Esto es muy importante.

En esos momentos nos cuestionamos tanto y, por qué NO decirlo, a Dios también. "no sé qué hacer con mi vida", "¿Por qué me sucede esto a mí?", nos preguntamos. Entiendo perfectamente cómo se siente porque yo también sé lo que es. Sin embargo, nos resistimos a creer que todo lo que nos pasa es una oportunidad para crecer y seguir hacia nuestro propósito. ¿Sabe algo? Nada es para siempre, aquí en la tierra solo estamos de paso y pareciera que todo se nos derrumba y parece que esta situación de incertidumbre va a ser eterna. ¿Cierto que sí? Pero NO, nada dura eternamente.

Todo lo que nos pasa en la vida es una oportunidad para crecer, aprender y vencer. Solo nos queda desechar lo malo o negativo que nos ocurrió y tornarlo en positivo o, mejor, como yo siempre lo he dicho, lo OSCURO no existe, porque para Dios siempre hay LUZ, y eso es lo que siempre quiero ver al final de mi camino y usted también. Apliquemos esta ley. Siempre funciona y nos da claridad.

Cuando nos sentimos perdidos, podemos estar tristes, cansados, desmotivados, con ira, frustrados, no queremos seguir y nos dejamos vencer por lo que no hemos visto. ¿Cierto que sí? Pero sigamos hacia la victoria y bendición. Sé que hay algo que debemos cambiar para dejar de sentirnos así, pero ¿usted no sabe cómo hacerlo? Pues atrévase a saltar el muro que lo está parando, sí se puede. Los obstáculos no son más grandes que Dios y menos para usted.

Está claro que si está escuchando o leyendo este mensaje es precisamente porque no sabe qué hacer con su vida. No creo equivocarme. Pero, yo me pregunto: ¿qué está haciendo para saber qué hacer con ella? Ha perdido la ilusión por todo y ve que el resto del mundo vive una vida aparentemente feliz y segura, mientras usted tiene más temores y ese miedo no lo deja avanzar. Pero, ¿puedo contarle un secreto? Sí se puede, usted es mayor que todos esos obstáculos. Por eso le digo que las crisis son el mejor momento para evolucionar y hacer mejoras en todos los niveles porque, si consigue controlar ese miedo y no deja que lo paralice, adquirirá una fortaleza que lo hará un imparable triunfador. Cuando ya no sabe qué hacer con su vida, entiendo que está a un paso de seguir evolucionando. Nadie le ha enseñado a desplegar sus talentos, vivir de lo que ama o tener una inteligencia y visión en grande.

Es cierto que si alguien tomase las decisiones por usted todo sería más fácil, podría echarle la culpa a los demás, pero eso lo volvería a llevar al mismo punto en el que está ahora mismo. ¡Recuerde tomar acción! Confíe en Dios y en usted, que sí se puede, no hay limitaciones, usted puede.

Le quiero contar algo. Desde muy pequeña, siempre fui una niña muy decidida, centrada, llena de sueños, retos y mucho más (Carrasco Cesteros, 2021). Recuerdo que no entendía cómo las personas desaprovechaban sus vidas en trabajos que no les satisfacían o con parejas que les hacían daño psicológica y físicamente. Comprendí que cada quien debe tomar las riendas de su vida, ¿sabe por qué? Dios es amor. Y lo apliqué en mi vida.

Nuestras metas no pueden ir acompañadas de quejas y lamentaciones como "No es para mí", "no lo podré alcanzar", "lo veo imposible de alcanzar", etc. Debemos cambiar nuestra mentalidad, ser positivos y decir "sí lo puedo hacer". Usted es responsable y solo usted es quién puede hacer algo por sí mismo.

En este momento, ya sabe qué hacer con su vida y esto se ha convertido en su primera herramienta: La aceptación y el éxito total. No le heche la culpa a nadie, sigua hacia la meta y sus sueños. Es muy importante enfocarnos hacia dónde queremos llegar y tener paz. Hay algo que me ayudó a mí en particular y que fue para mí un progreso en todo: leer, escribir, aprender cada día algo nuevo, estar al día y activa todo el tiempo, pero nunca dejar de crear algo nuevo.

Escuchemos cosas positivas. Recuerde, de los errores se aprende y dar gracias por la inmensidad de cosas que tiene hará que su vida cambie. Recuerde también que, si no sabe qué hacer con ella porque el rumbo se desvió, encontrará la mejor manera de regresar a donde usted quería llegar. Hacer algo por los demás, aprovechar el tiempo para cuidar de su persona física y espiritualmente. Ámese cada día como ama a Dios y a los demás. ¡Esto es muy importante!

En resumen, si todavía no sabe qué hacer, tiene ante usted una gran oportunidad para perseguir sus sueños. Tiene todas las posibilidades a su alcance. Aprovéchelas y atesórelas en su corazón, siga soñando. Nunca es tarde, solo créalo.

Tenemos toda la facultad y la gran bendición de perseguir nuestros sueños y aún más

¿Alguna vez le ha pasado que Dios le ha llamado a realizar cualquier cosa (x), pero no lo hace porque permite que sus miedos e inseguridades sean más grandes que la Fe que vive en usted? Recuerde que eso mismo les pasó a los apóstoles, específicamente a Pedro cuando Jesús lo llamó a caminar sobre las aguas. Tenemos que perseguir los sueños hasta el final. No tengamos miedo y caminemos en fe de que el Señor NOS sostiene en Sus manos y nos hace Torre Fuerte.

Haydee

"Y él dijo: Ven. Y descendiendo Pedro de la barca, andaba sobre las aguas para ir a Jesús. Pero al ver el fuerte viento, tuvo miedo; y comenzando a hundirse, dio voces,

diciendo: ¡Señor, sálvame! Al momento Jesús, extendiendo la mano, asió de él, y le dijo: ¡Hombre de poca fe! ¿Por qué dudaste? Y cuando ellos subieron en la barca, se calmó el viento."

(Reina-Valera, 1960, Mateo 14:29-32)

El amor a través de los ojos del Señor. ¿Qué significa para Él?

*E*l amor de Dios es incondicional, porque Dios amó tanto al mundo que dio a Su Hijo unigénito por todos nosotros. Es increíble que Él haya hecho todo esto antes de que nosotros hayamos hecho nada. Dios es clemente, misericordioso y nos ama.

Aunque estemos incompletos, Dios nos ama completamente; aunque seamos imperfectos, Él nos ama perfectamente; aunque nos sintamos perdidos y sin brújula, nos guía. El amor de Dios nos rodea por completo. Él nos ama porque está lleno de una medida infinita de amor santo, puro, incondicional e indescriptible.

Se puede definir el amor como el vínculo de afecto que nace de la valoración del otro que inspira el deseo de su bien. Puede verse como un valor o una propiedad de las relaciones humanas, pero el concepto del amor es amplio y complejo. El amor es el sentimiento del ser humano que necesita ser proyectado no solo hacia uno mismo, sino hacia otra persona. En pocas palabras, es la fuerza que nos impulsa para hacer el bien. Eso es correcto, "Amor" es la palabra mágica más hermosa que existe en todo el Universo. Para mí, es demasiado hermoso, y no hay otra cosa igual.

> *"Las muchas aguas no podrán apagar el amor, Ni lo ahogarán los ríos. Si diese el hombre todos los bienes de su casa por este amor, De cierto lo menospreciarían."*
>
> (Reina-Valera, 1960, Cantares 8:7)

El amor es una energía que nace del corazón y se expande en unas ondas que tocan a todo los que la rodean, dando una sensación de bienestar y felicidad. El amor no es solo más que saber entender a la otra persona y compartir momentos que nos hacen sentir bien y mejores personas.

Con respecto a esto, el amor es un sentimiento muy relacionado con el apego, el cual genera en las personas una serie de reacciones, conductas y emociones que permiten que encontremos esa calma y seguridad necesarias en nuestros vínculos. Así que, el amor no solo da sentido a nuestra vida, sino que la hace posible para seguir hacia la victoria.

Lo primero que debemos saber es que el amor es un sentimiento que está ligado a las emociones, por lo tanto, a veces es muy difícil de controlar. Lo otro importante que debe tener en cuenta, es que el amor es un motivador para su vida y una fuente de inspiración que lo impulsa a alcanzar sus sueños y propósitos.

Amar es considerar de manera completa a la otra persona, apreciarla, cuidarla, estar pendiente de ella, alegrarse en sus alegrías y compartir sus tristezas para disminuirlas. Al que ama le gusta ayudar al otro y recibir ayuda de esa persona.

Ser parte de una buena y auténtica relación le permite aprender infinidad de cosas sanas y bellas. Uno se siente parte de un equipo fuerte e indivisible, actúa de forma distinta a como lo hace en otras relaciones. Probablemente, es más comprensivo y capaz de aceptar incondicionalmente a su pareja.

Amor consumado es el más completo e intenso, puesto que está formado por los tres elementos: intimidad, pasión y compromiso. Este es el tipo de amor que la mayoría de las personas aspiran alcanzar, aunque es difícil de encontrar y mantener en el tiempo que requiere de esfuerzo.

Es de suma importancia la comunicación, de allí sale todo del corazón y afirmación de toda la relación en armonía. Es muy cierto, debemos tener un balance todo el tiempo y tendremos el éxito que anhelamos en la relación.

Dios es amor

"Amados, amémonos unos a otros; porque el amor es de Dios. Todo aquel que ama, es nacido de Dios, y conoce a Dios. El que no ama, no ha conocido a Dios; porque Dios es amor".

(Reina-Valera, 1960, 1 Juan 4:7-8)

El amor incondicional y espiritual es ese sentimiento divino que nos hace experimentar bienaventuranza, es un sentimiento que va más allá de nuestro cuerpo, sentidos y pensamientos, es la experiencia de una realidad superior. Es ilimitado y lo abarca absolutamente todo.

El amor es el sentimiento del ser humano que necesita ser extendido no solo hacia uno mismo, sino a otras personas

Te quiero y amo, porque nos completamos, juntos encajamos perfectamente. Alcanzamos los metas juntos. Me encanta cómo se mezclan tus sueños y propósitos con los míos. Vamos juntos tomados de la mano para solucionar nuestros problemas o situaciones difíciles, con amor, ternura y templanza. Esa debe ser nuestra actitud en la relación de pareja en todo tiempo. ¿Quién dijo que sería fácil? No, para nada. Con "Amor", todo se puede. ¿Lo creen conmigo? Yo sé que es así. Pues sigamos dando amor del bueno, como nos ha enseñado el Señor, incondicionalmente.

Haydee

"Ponme como un sello sobre tu corazón, como una marca sobre tu brazo; Porque fuerte es como la muerte el amor; Duros como el Seol los celos; Sus brasas, brasas de fuego, fuerte llama. Las muchas aguas no podrán apagar el amor, Ni lo ahogarán los ríos. Si diese el hombre todos los bienes de su casa por este amor, De cierto lo menospreciarían."

(Reina-Valera, 1960, Cantares 8:6-7)

Belleza de la naturaleza, el día y la noche, los Cielos cuentan la gloria de Dios

"Los cielos cuentan la gloria de Dios, Y el firmamento anuncia la obra de sus manos. Un día emite palabra a otro día, Y una noche a otra noche declara sabiduría. No hay lenguaje, ni palabras, Ni es oída su voz. Por toda la tierra salió su voz, Y hasta el extremo del mundo sus palabras."

(Reina-Valera, 1960, Salmos 19:1-4)

Se puede usar este Versículo para mostrar a alguien que la Biblia no solamente dice que Dios existe, sino que también presenta un argumento fácil de entender para la existencia de Él: Los cielos cuentan la gloria de Dios y el firmamento anuncia la obra de sus manos. El rey David se inspiró para enseñarnos la revelación general, y es que debemos reconocer el beneficio espiritual de que Dios se revele a nosotros y a toda la humanidad a través de Su creación. La belleza infinita y grandeza de sus multiformes perfecciones. Demasiado hermoso es nuestro Dios. No tengo palabras y ¿usted?

Dios se comunica con nosotros a través del mundo que creó. Siempre nos está iluminando con su hermosa "Luz Admirable". Nada hay que se esconda de Su calor y cuidado Paternal. Podemos tener confianza de usar la ciencia para explorar. Es muy importante saber mucho más del mundo que nos rodea, para así valorar más lo que Él ha hecho, hace y hará por todos nosotros, Eternamente. Sin embargo, nosotros solo necesitamos observar el mundo alrededor de Él, para darnos cuenta de una vez por todas de que Dios existe y es real. Muy cierto, Verdad que sí.

Existe un creador de algo tan grande, hermoso y muy bien diseñado. Los cielos y la tierra testifican día tras día, noche tras noche que el que hizo todas las cosas es Dios. Las personas pueden NO creer esto, pero la evidencia de los cielos para un Creador ha llegado a "toda la tierra, hasta el extremo del mundo. Cada detalle que Dios diseñó, para que nosotros y todos lo que en ella existe y pudiéramos vivir aquí en la tierra y disfrutar de sus maravillas, solo un Ser Supremo puede hacer todo esto perfecto".

"Porque toda casa es hecha por alguno; pero el que hizo todas las cosas es Dios".

(Reina-Valera, 1960. Hebreos 3:4)

Las declaraciones más claras bíblicamente hablando, es que la naturaleza en sí misma está destinada a mostrar la grandeza de Dios en todo Su esplendor, es una exhibición continua. Todo esto fue creado por la obra de una mente super poderosa y sobrenatural, no una simple casualidad. ¿Se conecta esta idea con la Palabra (La Biblia)? Claro que sí. Cuando más aprendemos e investigamos acerca del universo, más claramente podemos ver la obra de Dios.

"Porque las cosas invisibles de él, su eterno poder y deidad, se hacen claramente visibles desde la creación del mundo, siendo entendidas por medio de las cosas hechas, de modo que no tienen excusa".

(Reina-Valera, 1960. Romanos 1:20)

Cuanto más sepamos, escudriñemos e investiguemos, sobre el mundo que nos rodea, le daremos más Gloria y Reverencia a Dios que solo Él se la merece.

Pregunto: ¿Será que todavía tenemos alguna duda de que Dios es real? Yo no sé usted, pero yo no. Demasiado hermoso para dudar.

¡Belleza de la naturaleza! Del Señor es la tierra y todo lo que hay en ella

El mundo en su totalidad es una Creación Divina. Nada se compara con tanta hermosura de todo lo hecho por Dios. Eso es así. Atesórelo en su corazón y abráselo.

Haydee

El rey de gloria, Salmo de David.

"De Jehová es la tierra y su plenitud; El mundo, y los que en él habitan."

(Reina-Valera, 1960, Salmos 24:1)

"Todo lo hizo hermoso en su tiempo; y ha puesto eternidad en el corazón de ellos, sin que alcance el hombre a entender la obra que ha hecho Dios desde el principio hasta el fin."

(Reina-Valera, 1960, Eclesiastés 3:11)

*El gran amor de Dios
nunca se acaba. Dios ama
a cada uno de Sus hijos
individualmente*

Hablemos de Jeremías. Él estaba desalentado por sus pruebas y sufría por hacer lo que era correcto: "Siempre tengo esto presente y por eso me deprimo", dice. ¿Cuántas veces nos pasa a nosotros lo mismo? Son muchas cosas las que nos podemos sacar de la cabeza que nos deprimen. En ocasiones es muy difícil, pero debemos soltar todo aquello que nos hacen sentir mal o triste, desalentados y, por qué no decirlo, impotentes. Todos sabemos que Dios es el dueño absoluto de todo. Él siempre tiene el control y nos da la solución correcta. Entonces, trabajemos y descansemos, que el Señor tiene la solución total.

Él sabe que dentro de nosotros pueden ocurrir cosas contradictorias, como estar de duelo y tener paz; estar deprimidos y seguir contemplando la belleza de las cosas que nos rodean y seguir el camino feliz. Esta última, para mí, es la mejor, Dios nos habla de que dejemos y echemos nuestras cargas en Sus manos.

"Echa sobre Jehová tu carga, y él te sustentará; No dejará para siempre caído al justo".

(Reina-Valera, 1960, Salmos 55:2)

Dios coloca Su esperanza en nosotros sin quitarnos el dolor ni la tristeza, ellos van juntos al mismo tiempo, pero nos deja el espacio para que estemos tristes y tengamos nuestro duelo, es normal. Pero no es bueno vivir permanentemente en el dolor, ni querer evitarlo, fingiéndolo, o sentirse reprimido. Estos Versículos son toda una muestra de buena salud mental, solo usted decides soltarlo, aunque Dios tan hermoso que Su amor puede cicatrizar bien nuestras heridas. Esto es muy cierto.

El gran amor del Señor nunca termina, eso es correcto, pero qué bueno es estar leyendo eso de la boca de una persona que está pasando por un mal momento. Cómo cambia toda la perspectiva y nos llena de aliento. Es demasiado hermoso. Dios ama a cada persona individualmente. De la misma manera que la respuesta a Dios es personal, el amor del Señor también es personal, aunque Él ama a todos por igual. Así lo dice Jeremías:

"Jehová se manifestó a mí hace ya mucho tiempo, diciendo: Con amor eterno te he amado; por tanto, te prolongué mi misericordia".

(Reina-Valera, 1960, Jeremías 31:3)

Si leemos bien, la misma cita nos revela que el amor de Dios por cada uno de nosotros es eterno. No se acaba ni completa nunca. Es por su gran amor que nos atrae hacia Él mismo y nos prolonga su misericordia.

Durante toda la eternidad seguiremos experimentando y disfrutando del amor de Dios. Nos ha amado desde antes de la fundación del mundo. Él nos ama desde la eternidad pasada y hasta la eternidad futura. Nos escogió, amó y guardó desde antes que el mundo fuera mundo. Guau, es demasiado lindo.

"según nos escogió en él antes de la fundación del mundo, para que fuésemos santos y sin mancha delante de él, en amor habiéndonos predestinado para ser adoptados hijos suyos por medio de Jesucristo, según el puro afecto de su voluntad,"

(Reina-Valera, 1960, Efesios 1:4-5)

Hay una afirmación muy simple y poderosa: "Porque fuerte es como la muerte el amor" (Reina-Valera, 1960, Cantares 8:6). Así es, el amor de Dios irresistible. Lo afirma el libro del Cantar de los Cantares que, en mi en caso muy particular, me parece hermoso, demasiado sutil y romántico. No hay nada ni nadie que pueda resistir el amor de Dios cuando se hace realidad en la vida de cada uno de nosotros. Yo soy un testimonio de ese verdadero AMOR. Vívalo usted también. Atesórelo en su corazón.

"Ponme como un sello sobre tu corazón, como una marca sobre tu brazo; Porque fuerte es como la muerte el amor. Duros como el Seol los celos; Sus brasas, brasas de fuego, fuerte llama".

(Reina-Valera, 1960, Cantares 8:6)

El amor de Dios es libre, espontáneo, encausado. Dios ama a los hombres porque ha elegido amarlos. Dios no nos redime mediante la mera revelación de su amor, sino que revela su extraordinario amor al redimirnos.

"El gran amor del SEÑOR *nunca se acaba, y su compasión jamás se agota. Cada mañana se renuevan sus bondades: ¡muy grande es su fidelidad!"*

(NVI, Lamentaciones 3:22-23)

Dios es amor, ayer, hoy y por la eternidad. Nunca lo olvide

"El que no ama, no ha conocido a Dios; porque Dios es amor. En esto se mostró el amor de Dios para con nosotros, en que Dios envió a su Hijo unigénito al mundo, para que vivamos por él. En esto consiste el amor: no en que nosotros hayamos amado a Dios, sino en que él nos amó a nosotros, y envió a su Hijo en propiciación por nuestros pecados. Amados, si Dios nos ha amado así, debemos también nosotros amarnos unos a otros. Nadie ha visto jamás a Dios. Si nos amamos unos a otros, Dios permanece en nosotros, y su amor se ha perfeccionado en nosotros".

(Reina, Valera 1960. 1 Juan 4:8-12)

"El gran amor del SEÑOR nunca se acaba, y su compasión jamás se agota. Cada mañana se renuevan sus bondades: ¡muy grande es su fidelidad!"

(NVI, Lamentaciones 3:22-23)

Conclusión

El refrán "la fe mueve montañas" es de inspiración bíblica y significa que, al tener fe en Dios y en nosotros mismos, es posible realizar cualquier cosa que nos propongamos. Así pasa también cuando hay que escribir una historia, poemas, etc. En este caso, se trata de un libro que nos lleva a recapacitar y hacer un alto en nuestras vidas y decir "voy a seguir por ese camino que me conduce hacia el propósito, sueños, bendiciones y que haga la diferencia en la gente".

Me hice la pregunta: "Haydee, ¿qué quieres escribir o qué mensaje deseas llevar a la gente?". Dios no nos pide que le contemos simplemente cualquier historia, Él quiere escuchar la Historia que nos hace cambiar la vida, caminar con pasos firmes agigantados, trazarnos metas, propósitos y poder llegar con nuestros sueños a la cima de la montaña y poder tocar el Cielo. Este es el propósito de este libro, que confiemos, tengamos Fe en Dios y en nosotros mismos, siendo esto último muy importante, ya que de allí fluye la Fe. Espero le ayude y comprenda cuáles son los pasos para salir hacia la victoria y, al fin, poder tocar el Cielo con los sueños ya realizados. No es un camino fácil, pero todo se puede. Atrévase a tocar el infinito con sus sueños y bendiciones. ¡Triunfe y vuele alto!

Recuerde algo muy importante: La fe debe ser como el aire que respiramos. Sin la confianza en Dios NO podemos lograr lo que anhelamos hacer.

"Es, pues, la fe la certeza de lo que se espera, la convicción de lo que no se ve."

(Reina-Valera, 1960, Hebreos 11:1)

"Jesús les dijo: Por vuestra poca fe; porque de cierto os digo, que si tuviereis fe como un grano de mostaza, diréis a este monte: Pásate de aquí allá, y se pasará; y nada os será imposible."

(Reina-Valera, 1960, Mateo 17:20)

Bibliografía

2010–2020: UN Decade for Deserts and the Fight against Desertification. (s. f.). https://www.un.org/en/events/desertification_decade/whynow.shtml

Biblia de Referencia Thompson Milenio RVR 1960 con Índice (Edición Milenio). (2013). Vida.

Carrasco Cesteros. (2021, 10 marzo). *EL SÍNDROME DE SUPERWOMAN SE CONVIERTE EN UN TRASTORNO REAL - RevolucionaT*. RevolucionaT. https://revolucionat.com/el-sindrome-de-superwoman/

Confía en Dios en los momentos difíciles, reflexión. (2023, 3 febrero). Biblia Online. https://www.bibliaon.com/es/confia_en_dios_momentos_dificiles/

Ferguson, Wright, & Packer. (2003). *Nuevo Diccionario de Teología*. Editorial Mundo Hispano.

González, P. C. (s. f.). *Parábola de los talentos*. Catholic.net. http://es.catholic.net/op/articulos/6199/cat/347/parabola-de-los-talentos.html

Haydee. (2021). *Iluminación de mi camino*. Hola Publishing Internacional.

Henry, M. (1999). *Comentario Bíblico de Matthew Henry* (F. Lacueva, Trad.). CLIE.

La Biblia de las Américas (LBLA). (s. f.). Bible Getaway. https://www.biblegateway.com/versions/La-Biblia-de-las-Am%C3%A9ricas-LBLA/

López, I. (2023a, abril 3). *Reacciones después de vivir una situación traumática*. Iratxe López Psicología. https://iratxelopezpsicologia.com/reacciones-despues-de-vivir-una-situacion-traumatica/

López, I. (2023b, mayo 8). *Cómo afrontar la pérdida de un ser querido o el duelo*. Iratxe López Psicología. https://iratxelopezpsicologia.com/como-afrontar-la-perdida-de-un-ser-querido-o-el-duelo/

Nueva Biblia de las Américas (NBLA). (s. f.). Bible Geteaway. https://www.biblegateway.com/versions/Nueva-Biblia-de-las-Am%C3%A9ricas-NBLA/

Nueva Traducción Viviente (NTV). (s. f.). https://www.biblegateway.com/versions/Nueva-Traduccion-Viviente-Biblia-NTV/

Nueva Versión Internacional. (2015). Bible Gateway. https://www.biblegateway.com/versions/Nueva-Version-Internacional-Biblia-NVI/#vinfo

Reina Valera Actualizada. (2012). Bible Gateaway. https://www.biblegateway.com/versions/Reina-Valera-Actualizada-RVA2015-Biblia/

Reina Valera Contemporánea (RVC). (s. f.). Bible Gateway. https://biblegateway.com/versions/Reina-Valera-Contemporanea-Biblia-RVC/

Santa Biblia: Reina-Valera 1995: Edición de Estudio. (1995). Sociedades Bíblicas Unidas.

Nueva versión en lenguaje actual (TLA). (s. f.). Bible Gateaway. https://www.biblegateway.com/versions/Traducci%C3%B3n-en-lenguaje-actual-TLA-Biblia/

Vida Plena Biblia de Estudio - Actualizada Y Ampliada: Reina-Valera 1960. (2019). Life Publishers International.

Vila, S. (1990). Nuevo diccionario bíblico ilustrado. Terrassa.

Willmington, H. L. (2001). *Compendio Manual Portavoz*. Editorial Portavoz.

¡GRATITUD!
AGRADEZCA TODO CON EL CORAZÓN

La Gratitud es el solvente que diluye la queja,
el toque mágico que trae la abundancia,
la decisión de no renegar o quejarse,
la posibilidad de darle paso abierto a la alegría,
la mayor prueba de nuestra humildad.

Agradezcamos por ser, estar, tener, ganar, perder, sentir, por la presencia de los demás en nuestra vida, pero lo más importante siempre es:

El AMOR y cuidar nuestro CORAZÓN.

Haydee

"¡Cuán bueno, Señor, es darte gracias y entonar, oh Altísimo, salmos a tu nombre; proclamar tu gran amor por la mañana, y tu fidelidad por la noche,"

(Nueva Versión Internacional Salmos 92:1-2)

Dios los bendiga

Agradecimiento

Agradecida con Dios, por confiar y creer en mí. Hoy tengo la bendición de escribir y presentarles mi segundo libro y sigo con más sueños, proyectos y metas. Quiero decirles que aún hay tiempo para todo. Le agradezco también a mis amigos, que siempre han estado presentes y que, de una manera u otra, han hecho posible la elaboración de este libro. Dios está lleno de agradecimiento por todo, por eso debemos ser agradecidos en todo momento y atesorar las bendiciones que nos regala en esta tierra. El mayor tesoro para Dios es que seamos agradecidos con el corazón.

"Y todo lo que hacéis, sea de palabra o de hecho, hacedlo todo en el nombre del Señor Jesús, dando gracias a Dios Padre por medio de Él"

(Reina-Valera, 1960, Colosenses 3:17)

Una manera de que estamos agradecidos con el Señor es levantar nuestros brazos y decirle a Él con todo el corazón y el alma, ¡te amo, Dios! El ser agradecidos en nuestras circunstancias es un acto de fe en Dios que requiere que confiemos en Él y en Sus promesas, que tengamos esperanza en cosas que no se ven, pero que son verdaderas. Si somos agradecidos, seguimos el ejemplo de nuestro amado Dios. Esto es para usted y para mí.

Título: Iluminación de mi camino

ISBN Pasta Blanda: 978-1-63765-149-0

www.ingramcontent.com/pod-product-compliance
Lightning Source LLC
Chambersburg PA
CBHW071642160426
43195CB00012B/1328